李大钊

中华先烈人物故事汇

主编 张树军
副主编 王相坤
编著 王相坤 丁守卫

学习出版社

目 录

Contents

引　子

在古希腊神话中，传颂着普罗米修斯为人类盗取火种的悲壮故事。

在很久很久以前，地面上没有火，人们只好吃生的东西，在无边的黑暗中度过一个又一个漫漫长夜。有一天，有一位名叫普罗米修斯的天神来到了人间，看到人类没有火的悲惨情景，决心冒着生命危险，从奥林匹斯盗取火种，帮助人类获取温暖和光明。

那天，当阿波罗驾着太阳车从天空中驰过的时候，普罗米修斯摘取木本茴香一枝，跑到太阳车那里，将树枝伸到它的火焰里点燃，然后，他举着火种降落人间，将盗取的火种带给人类。

普罗米修斯将火种偷盗给人间触怒了宙斯。宙斯命令火神给予普罗米修斯最严厉的惩罚——将普罗米修斯锁在高加索山的悬崖上，每天派一只雄鹰去啄食他的心肝，又让他的心肝每天重新生成。这样，普罗米修斯便永远承受着这种无休无止的“无期徒刑”……

李大钊就像传说中的普罗米修斯，一位令人肃然起敬的“盗火者”。他像普罗米修斯那样，从欧洲“盗取”了马克思主义火种，向半殖民地半封建的中国传播马克思主义火种，并为此献出了自己的生命。

对于李大钊，相信如今的中国人几乎都不会陌生。这个出生于19世纪末、还在襁褓中就不幸失去双亲的“孤儿”，生于乱世，有感于国家积贫积弱，任人宰割，因而从小就“少年心事当拿云”，忧国忧民，志在“补天”。像当时中国的许多仁人志士一样，还在青春年少时就“铁肩担道义”，毅然走上了一条救国救民的道路，且独具“慧眼”，成为当时中国有识之士中最早发现马克思主义这一“兴国之宝”的“先醒者”与“先行者”之一，并第一个从俄国十月革命中看到了走俄国人的道路、开拓中国救亡与复兴道路的曙光。

也正因此，身为北大教授原本生活很体面、很优裕，完全可以“躲进小楼成一统”的他却“甘心赴国难”，忧国之所忧、哀民之所哀。下定决心为挽救“神州陆沉”“再造中华”而努力奋斗的他义无反顾、奋不顾身，成为了一个不仅在中国共产党历史也在中华民族历史上令人可钦可佩的“盗火者”、一个可歌可泣的“播火者”，为传播和实践马克思主义而英勇献身，真正做到了他自己所说的“勇往奋进以赴之”“殚精瘁力以成之”“断头流血以从之”。

让我们永远牢记20世纪初那一段血与火的中国历史吧，那是中华民族一段最为难堪也最为珍贵最值得记取的历史。虽然，我们无缘生在那个苦难深重的年代，无法追随李大钊先生积极投身反帝反封建的爱国运动当中，无法效仿李大钊、方志敏面对敌人的威逼利诱大义凛然、视死如归，无法与英勇的红军与八路军新四军以及东北抗联将士们一起，即使在冰天雪地里，也经常穿着草鞋光着脚板在赤水河在太行山在长白山在敌后根据地神出鬼没，威震敌胆……但我们至少要崇敬他们，纪念他们，讲述他们的革命故事，让这些革命先烈与革命故事成为我们这个时代的“新《史记》”“新《汉书》”，让中华民族生生不息、不屈不挠的民族之魂、革命之魂、爱国之魂、奋斗之魂始终不离不弃，永远存留在中国人的心中，让世世代代中国人永远铭记他们。

这，既是对那些为国家和民族作出过杰出贡献的民族英雄和革命先烈永远的缅怀、感恩与告慰，也是对世世代代中国人永远的教育、警醒与激励。

是的，一个不忘初心，永远不会忘记过去，永远不会忘记那些民族英雄革命先烈，并且，饮水思源，永远懂得珍惜懂得感恩，懂得卧薪尝胆不懈奋斗的民族，才是一个有着光明前景和美好未来的民族。

01 少年心事

1889年10月29日，李大钊出生在河北省乐亭县大黑坨村。

李大钊儿时的名字不叫李大钊。他的乳名叫憨头。之所以会叫上这么一个不太好听的乳名，据说是在李大钊出生那天，他的爷爷李如珍在自己家的棉花地里干活时恰巧捉到了一只美丽可爱的百灵鸟。那百灵鸟先是飞到他家的棉花地里，尽管看到年近古稀已是老态龙钟的李如珍正弯腰驼背地在那儿干活，却似乎并不怕他，在冲他“叽叽”“唧唧”地叫唤一会儿后，竟然飞落在他的头顶上，仿佛把他的满头白发当成了自己的“窝巢”。这让李如珍不费吹灰之力就把这只百灵鸟给捉住了。

“小家伙，跟我到我家去玩吧。”李如珍捉住这只美丽可爱还有些顽皮的百灵鸟，喜滋滋地逗着它说。

“唧唧，叽叽……”那鸟儿鸣叫着，好像在说：“好啊，好啊！”

说来也真的是个巧合，因为捉了只百灵鸟，李如珍不想再干活了，就兴冲冲地回家。他刚跨进院子，接生婆就冲他喊：“大喜呀，老爷子，你添了个孙子！”

“什么？你说什么？”毕竟年岁大了，李如珍的耳朵有点背，看到那个接生婆嘴里冲他嚷嚷着什么，就大声地问道。

“老爷子，”那接生婆这时就凑到李如珍的耳朵边大声地说，“我跟你说啊，你家儿媳妇生了，生了个小鸡鸡，是个大胖小子！这回你听清了吗？”

“什么？是个大胖小子？难怪刚才百灵鸟老在我耳边‘鸡鸡、鸡鸡’地叫唤，原来是生了个小鸡鸡啊！”刚才还疲惫不堪一脸憔悴的李如珍顿时来了精神，咧开大嘴呵呵笑着，可笑着笑着又忽然老泪纵横起来。

在给自己的孙子起名字的时候，想到那只几

乎与自己的孙子同时降临自己家的百灵鸟，而百灵鸟又有“百灵”“百龄”之吉祥的寓意，李如珍就说：“我从棉花地里捡了只百灵鸟，这不等于是给我孙子捡了个名字吗？‘百灵，百龄’，活得又长，长得又机灵，就给我孙子起个名字叫‘灵头’吧。”

可是，在当地农村，人们都以为给刚出生的小孩子起的乳名越难听越好养活。所以，村里的几个老太太七嘴八舌地议论说：什么灵呀灵的？那会把孩子叫傻了的，要是叫“憨头”倒会越叫越灵，不如就叫“憨头”好了！

因此，李大钊的乳名便成了“憨头”。

儿时的李大钊身世真的是很凄苦和不幸。爷爷李如珍早年“闯关东”在东北做生意虽赚了些银两，但苦于膝下无子，仅有一女，为了传宗接代，便将弟弟的二儿子李任荣过继为子，并一心想把继子任荣培养成知书达理光耀门楣的人。可是，哪里知道李任荣虽学习勤奋，也很聪慧，但年幼体弱，从小多病。虚岁 17 岁时，李任荣与外村周家姑娘结婚不久便患上了当年被称为不治之症的“痨病”——肺病，很快就离开了人世。所以，当李大钊呱呱坠地时，他的父亲已经去世半年多了。丈夫去世后，李大钊的母亲周氏一度悲痛欲绝，生下儿子后，因为总是白天黑夜地思念亡夫，经常以泪洗面，悲不自禁，还没等儿子“憨头”学会说话和走路，她竟也不幸早逝了。

没出生就死了父亲成了“遗腹子”，刚出生不久又死了母亲成了孤儿，从此，尚在襁褓中的李大钊便与年近古稀的爷爷李如珍相依为命。正如他后来在《狱中自述》中所说：“在襁褓中，即失怙恃，既无兄弟，又鲜姐妹，为一垂老之祖父抚养成人。”

在母亲刚去世的那些日子里，因为没有奶吃，瘦得皮包骨头的“小憨头”没日没夜地啼哭，无论爷爷怎样哄劝都不管用。看到这一老一少特别是“小憨头”这孩子非常可怜，当时，村里许多哺乳期的女人在给自己孩子喂奶时，都会情不自禁地想到“小憨头”，顺便也把他抱过来，将自己的另一个乳头塞进早已嗷嗷待哺的“小憨头”的嘴里。所以，还在孩提时代，爷爷一次又一次地告诉李大钊，说他从小是喝“百母奶”长大的，长大以后要懂得感恩。也正因此，李大钊从小就养成了同情弱者、乐善好施、仗义疏财、乐于助人的性格。

因为是“独苗”，生怕难以养活，李如珍对自己的这个“独宝”孙子非常疼爱，但疼爱却不溺爱，尤其是在对李大钊的教育方面，老人家从不含糊，非常严格。在他只有五六岁时，每天早上，梳洗完毕，李如珍便把红漆小桌擦得锃亮锃亮的，放到炕上。这时，“小憨头”就知道该是自己晨读学习的时候了。于是，他连忙把书本、笔墨、砚台摆在炕桌上，坐在桌前认认真真地听爷爷讲课。

等上完课后，已经日上东山，李如珍便出门干活去了，留下孙子一个人在家学习和玩耍。虽然年幼，“小憨头”却很懂事，自我管理约束能力很强。每天等爷爷外出后，他便自己温习一天所学的功课，有时学习累了，便和家里的那只大狸猫玩耍一会儿，或是跑到后院的大榆树下面钩榆钱，用爷爷网蝴蝶的那个小线网到花椒树下网蝴蝶、捉蜻蜓，等等，然后，再去用功学习，反复背诵《三字经》《百家姓》《千字文》，等爷爷晚上回家照例考他的时候，他早把一天所学的功课都背得滚瓜烂熟了。

所以，对于李大钊来说，无论是学业还是人生，爷爷无疑都是他的第一个老师，而且是个非常优秀的“人生导师”。老人家一生活了 80 岁，这在当时那个“人生七十古来稀”的年代委实算是少有的高寿。

的确，在李大钊的记忆里，祖父是一个四方大脸、膀大腰圆、结结实实的老头。他直爽好客，爱说话，爱管“闲事”。街坊邻里有了纠纷，他去调解；谁做了坏事，他毫不留情地数落。他勤劳节俭、精打细算，家中里里外外吃喝花销都由他当家理财。他虽然有时候脾气暴躁，但对自己的孙子除了在学习上严厉督促外，总是又慈祥，又耐心。在自己的继子早逝后，老人家一心巴望“小憨头”发奋读书，指望他将来能够金榜题名，出人头地。

李大钊 7 岁那年，被送到大黑坨村西头谷家私塾读书。谷家私塾的塾师单子鳌，是个性格直爽充满爱心的人。有感于“小憨头”很小就成了孤儿，他给这个可怜而又懂事的孩子起了个学名“耆年”，字“寿昌”，意思是希望这孩子这辈子不再重蹈自己父母短寿的命运，不仅能够长寿，而且能有一个好的前程。

在谷家私塾，李大钊当时是年岁最小却最用功成绩也最好的学生。每天放学后，别的同学全回家了，他还一个人坐在自己的座位上背书，往往要老师几次催促，这才回去。因此，单子鳌非常喜欢这个聪明用功的学生，每当上课时，总是喜欢一边听他童声悦耳地背书、破讲，一边不住地点头称赞。直到多年后，单子鳌还常常对人说：“我教了一辈子书，平生最得意的学生，就是李耆年！”

在谷家私塾读了3年后，有一天，单子鳌坦率地对李如珍说，自己已不能胜任耆年的老师。于是，李如珍便托人“找关系”将李大钊送到小黑坨张家馆就读。小黑坨张家馆是本地的一所“名校”，是乐亭县数一数二的富户张巩璞为其独生儿子张春迴单独开设的。在张家专馆任教的赵辉斗更是乐亭县的一位名师。他平生爱好文艺，擅长吟咏，诗词歌赋常有上乘佳作，曾经得到乐亭县进士孙国祯的特别赏识。

对这位新来的学生，名师赵辉斗一直关爱有加，为使聪明好学的李耆年学有长进，他几乎倾尽了毕生所学的知识和心血。在他的精心培育下，李大钊通读《四书》《五经》，很快就成了远近闻名的文童。1902 年是举行童试之年，可就在这一年，张巩璞的独生儿子不幸病亡，张家专馆因此停办。此时，赵辉斗已年近古稀，按说早应回家颐养天年，但是，为了李大钊的学业不致因此受到影响，他义不容辞，不顾年迈，离开张家专馆后到李家单独为李大钊教学。这年李大钊如期走上考场，顺利地通过县试，只是在到卢龙参加府试或院试时，因“污卷”等原因不幸落榜。

未能一举考中生员，李大钊心里很难受，赵辉斗也深感遗憾。当时，童试的科考每 3 年才举行一次，赵辉斗见自己年事已高，而且学识有限，不能再亲自教他了，就凭着自己老交情推荐李大钊到乐亭县城北井家坨井侯庄举人宋森荫家开设的宋家学馆师从当地又一位名师黄玉堂学习，继续专心致志地攻读《四书》《五经》，准备 3 年后再上考场。宋举人曾在山东任过候补知县，黄先生则是曾在北京国子监读过书的“优贡”，名气、学识自然又在赵辉斗之上。

在井家坨读书时，李大钊越发刻苦努力了。当时学馆里有 20 多个学生，到晚间别人都睡了，他还在孜孜不倦地攻读，每天都要读到半夜。黄玉堂的妹妹多少年后还记得，他哥哥当时一回家就念叨："有个学生，叫李耆年，念书念得特别好！"

1905 年秋天，李大钊又一次参加童试，以优异成绩一路过关，顺利地通过了县试、府试。可是，就在他准备在院试中大显身手时，在中国实行了长达 1300 多年的"科举制"突然被废止了！结果，已不能"学而优则仕"的李大钊以府试的成绩，被录取为永平府中学堂的学生。

虽然从小就学习刻苦，李大钊却不是那种"两耳不闻窗外事，一心只读圣贤书"的书生，更不是那种只知道用功读书啥也不懂的"小书虫""书呆子"。也许正如韩愈所说，自古以来燕赵（河北）一带便多有慷慨悲歌的豪侠之士的缘故吧，受这块热土传统文化的濡润和浸染，还在黄发垂髫之年的李大钊身上便散发一股豪侠慷慨之气。虽然还很年幼，但时代的风云便已巨细无遗地倒映在他的心湖上，不是"吹皱一池春水"，而是在他的心中时常激荡起滚滚波涛……

仔细想想，也不奇怪，19 世纪末的中国，是中华民族历史上最为悲惨最为黑暗的年代。这时，中国在腐败无能的清王朝统治下，山河破碎，国力孱弱，帝国主义虎视鹰瞵，民族危机空前严重。甲午之战后，清政府的腐败无能进一步暴露无遗，可谓是“登峰造极”。由此更加刺激了列强瓜分中国的野心。甲午战火刚刚熄灭，列强便纷纷分“中国一杯羹”，抢夺修筑铁路、开采矿山和建立工厂的权利。资本输出成为帝国主义对华进行经济侵略的主要方式，同时商品输出仍然在继续扩大，中国社会的自然经济进一步遭到破坏，原本就贫困落后的赤县神州从此更成了“万家墨面没蒿莱，敢有歌吟动地哀”的“悲惨世界”。

“天下兴亡，匹夫有责。”面对山河破碎，国家危殆，许多仁人志士热血青年都纷纷关注国事，寻求救国救民的道路。

李大钊自然也不例外。

从小熟读《四书》《五经》的李大钊深受中国儒家传统思想影响，内心一直有着很深的家国同构情结和爱国情怀，还在井家坨读书时，他就养成了关心时事的习惯，特别喜欢听黄玉堂先生讲八国联军侵入北京，《辛丑条约》签订导致中国巨额赔款以及义和团和红灯照奋起反抗的故事，每当听到那些洋鬼子火烧圆明园杀害义和团的罪恶行径，小小年纪的他总是义愤填膺、郁郁难平：为什么这些洋鬼子总喜欢欺负我们中国人？为什么这些满嘴上帝民主自由平等博爱的洋鬼子竟跑到中国来杀人放火、抢人财物？为什么就连小日本也敢跑到我们中国来欺负我们……

有一天，黄玉堂先生给学生们讲太平天国的故事，讲清政府怎样腐败无能，对西方列强只知道一味卑躬屈膝，而对自己的人民却穷凶极恶，血腥镇压。还没等黄先生讲完，早已热血沸腾怒不可遏的李大钊突然站了起来，大声喊道：“我长大了一定要学洪秀全，推翻清朝皇帝！”

黄先生吓得赶紧跑过去捂住李大钊的嘴，告诫他说：“耆年啊，以后在外面可千万不能说这种话，否则会被官府抓去蹲大牢，掉脑袋的！”

但是，平时非常懂事也非常听话的李大钊唯

独在这件事上很不“懂事”很不“听话”，对黄先生的告诫置若罔闻、不以为意。这以后，他依然故我，不仅风声雨声读书声常萦绕他的耳边，而且，国事家事天下事也总是牵挂在他的心中，让他激动，让他愤怒，让他流泪，让他深思，并渐渐“化蛹为蝶”，从自发转变成自觉，最终走上了一条探求真理救国救民的道路。

02 志在补天

在我国古代，流传着许多美丽的神话。这些美丽的中国神话一点儿也不比古希腊古罗马神话逊色，甚至还要更精彩，像盘古开天、夸父逐日、精卫填海、刑天断首、共工触天、后羿射日、女娲补天……犹如一幅幅英雄史诗般壮美的画卷，不仅想象奇特，而且乐观豪迈、气势磅礴，有着一种奋发向上、英勇不屈、舍我其谁、睥睨一切、“欲与天公试比高”的中国精神，有着一种感天动地气壮山河、永不言弃永不言败、令人惊心动魄荡气回肠的中国气概！

神话是人类现实生活的折射与投影，是人类情感与愿望的寄托与反映。优秀的上古神话对一个民族的传统文化与民族精神具有潜移默化源源不断的引导与滋养作用。揆诸历史，我们会发现，从某种意义上说，中国神话其实就是中华民族几千年卧薪尝胆自强不息乃至盘肠血战的历史投影与真实写照。几千年来，每当我们的民族出现大的动乱大的危机，到了“最危险的时刻”，面对山河破碎、生灵涂炭、国将不国、民族处于生死存亡之际，诚所谓“乱世出英雄”，总会涌现许许多多逐日的夸父、填海的精卫、断首的刑天、触天的共工、射日的后羿、补天的女娲……

很显然，19 世纪末 20 世纪初，在神州大地就出现了这样一种“乱世出英雄”的感人而又悲壮景象。为了救国图存，竟然涌现了那么多逐日的夸父、填海的精卫、断首的刑天、触天的共工、射日的后羿、补天的女娲……在“神州陆沉”的危难时刻，谱写了一曲曲可歌可泣的中华民族英雄壮歌！

而在这一长串不胜枚举现实版的中国神话英雄群体的名单中，“李大钊”这个闪光的名字自然赫然在列。

很小的时候，李大钊就希望自己长大后能成为一个“补天的女娲”，一如他在《狱中自述》所述的那样：“钊自束发受书，即矢志努力于民族解放之事业。”观其一生，绝非夸张。

据 1987 年《文物天地》第二期登载的《新发现的李大钊 9 岁墨迹》一文记载，李大钊 9 岁那年，正值清末戊戌变法。有一天，他在同村的一位乡贤家看到一本书，爱不释手，竟然决定手抄此书。这本书，正是清末著名维新派人士陈炽所译英国经济学家福塞德的《政治经济学提要》一书，译后书名叫《重译富国策》。此书现存中国国家博物馆。它强有力地证明了李大钊还在童年时就已接触西学，并开始有意识地了解西方资本主义国家政治经济和科学技术发展状况。亦印证了李大钊从童年就萌生了“求得挽救民族、振奋国群之良策”的“补天”愿望与伟大抱负。

1905 年，在私塾读了 9 年“圣贤书”的李大钊本来应该参加科举考试，“学而优则仕”，读书做官，但正赶上清政府废科举、兴学堂，因而考入了永平府中学堂。永平府中学堂的前身是创建于清朝乾隆十二年（1747 年）的永平府敬胜书院，光绪二十八年（1902 年），奉诏改为永平府校士馆，如今，又因时代的变迁改建成一所新式中学。李大钊就读于这所学校的第二班，学名仍为李耆年。

来到这所新式中学后，李大钊读书更加勤奋，每次考试，各科成绩都名列前茅，是学堂出了名的好学生。除了学好课程，业余时间，一直很关心时事政治的李大钊也经常到学校图书馆阅览室去借阅一些宣传新思想的书刊，尤其喜欢阅读康有为、梁启超等人的文章。他的同学韩湘亭曾回忆李大钊："受课之余，最喜康梁文字，手把一编，日无暇息。"

那时，由于科举制的废除，中国年轻的读书人从此不再"两耳不闻窗外事"，再加上早已危若累卵大厦将倾的清政府，致使许多热血男儿和有志青年纷纷热衷政治，立志匡时济世、救国救民。这给当时正处于历史上最黑暗灾难最深重的中国带来了希望。

进入永平府中学后，有一位名叫蒋卫平的学兄很快便引起李大钊的瞩目乃至追捧。蒋卫平是从一个师范学堂转来的，比李大钊高两级。此人"少有大志，慕班超、马志尼之为人，顾念时艰，慨然以天民先觉为己任……常谈黄梨洲、顾亭林、王船山之诸家学说”，并因爱读谭嗣同《仁学》一书，仰慕谭的为人而改号“慕谭”。

在与蒋卫平的一次次倾心交谈中，蒋卫平的爱国爱民热忱、献身事业的精神、行侠仗义的情操，以及他对具有民族气节、民主思想的大学问家、改革家的推崇都感染和影响了李大钊。从这位比自己大 7 岁的大哥身上，李大钊感受到了一种不凡的气概。两人很快便成了能够推心置腹的朋友。

遗憾的是，没过多久，蒋卫平便转到保定陆军速成中学；毕业后，为防备俄国侵略，遍游了东北和内蒙古，被誉为“关外大侠”；后在调查帝俄边界时被俄人逮捕杀害。李大钊闻讯十分伤感，先后写下《哭蒋卫平》诗 3 首，以示悼念。

蒋卫平虽然离去了，但他在李大钊的内心播下了“思想的种子”。以后，这些思想的种子不断在李大钊的人生中生根、发芽、开花、结果。的确，与学兄蒋卫平的接触虽然短暂，李大钊却从此茅塞大开，开始认识到国家的危局，了解到甲午战争给中国带来的耻辱，以及戊戌变法与谭嗣同等“六君子”的惨死，从而认识到清廷顽固派的可憎；了解到义和团起义，并认识到八国联军的罪行，以及《辛丑条约》给中国造成的巨大危害。他朦胧的反清复汉意识和最初的反专制意识大抵就产生于此时。

也正是从这时候起，李大钊开始考虑国家大事。传统经典中“治国平天下”“扶社稷、安苍生”“慨然以天下为己任”的意识有了现实落脚点。国家陷入衰落、民族的危机、人民沦于奴隶境地的危险，成为他愈来愈关心的问题。

然而，许是性格使然，或是年龄及家庭教养所致，李大钊虽然对蒋卫平这位学兄很崇拜，对他所走的投笔从戎的道路很羡慕，但是，他却很难下决心像蒋卫平那样，投考军事学堂，或远离家乡，投身于救国活动。一介书生的他，只好“以文救国”，以自己的爱国情怀与爱国思想救国。即便这样，在当时的社会，也已经很先进很难能可贵了。

在永平府中学学习的两年间，李大钊虽然还没有真正走上寻求革命的道路，但是，在他的心中已经播种下了“志在补天”的种子。

在那些日子里，旺盛的爱国热忱激励着李大钊如饥似渴地吸吮当时所能得到的思想营养，“志在补天”改造社会的愿望日趋强烈，救国救民的认识也在不断发生飞跃。有感于国事之危迫，他急思深研政理，求得挽救民族、振兴国家之良策，可以说，这两年的学习生活对他最终走上寻求革命的道路起到了重要的奠基作用。

1907 年秋，李大钊以优异成绩从永平府中学毕业。根据学堂的规定，他可以直接升入保定直隶高等学堂，学成后完全可以获得一官半职。但李大钊显然志不在此，无心做官，为了实现自己“挽救民族振奋国群”的远大理想，这年暑假，他与两三个同学前往天津，准备报考那里的高一级学校。

据李大钊后来回忆，当时天津有 3 所学校在招考：一是北洋军医学堂，一是长芦银行专修所，一是北洋法政学堂。李大钊认为“军医非我所喜，故未投考”；其他两校，他都报名参加了考试，并被录取。由于“理财致个人之富，亦殊违我素志”，一心期望为祖国寻找出路的李大钊“感于国势之危迫，急思深研政理，求得挽救民族、振奋国群之良策”，于是舍弃了长芦银行专修所，而进入了北洋法政学堂。

就这样，1907 年 9 月 2 日，李大钊开始了 6 年的法政学堂学习之旅。

北洋法政专门学堂是直隶总督兼北洋大臣袁世凯授命创办的，建成于 1907 年 4 月，同年 7 月开始招生。作为国内第一所正式法政专门学堂，又膺有直隶总督兼北洋大臣之命，学堂各项工作都较正规。李大钊先在北洋法政专门科的预科英文班学习 3 年，毕业后升入该校正科的政治经济科本科班学习 3 年。

清末，北洋法政学堂“在政治运动史上，很关重要”，“中国北部政治运动，首推天津，天津以北洋法政学校为中心”。李大钊在勤奋学习之余，“怵于亡国之痛”，积极投身风云激荡的社会变革洪流，接受思想洗礼，积极探索实践。

1908 年开始的国会请愿活动，是李大钊早年参加的第一次大规模政治活动。请愿活动试图通过持久而广泛的群众运动迫使清政府设立国会，进而成立责任政府。

在3次请开国会运动先后失败之后，1910年12月，天津法政专门学堂和其他中高等学校师生参加了更大规模的第四次请开国会的请愿运动。21岁的李大钊参与了全部重要活动，并成为请愿活动的重要领导人之一。

无奈清政府谕令不准渎奏，请愿活动困难重重。

1910年12月2日，学界30余人前赴咨议局，与议长等商定活动行期。在谈及本次请愿前途渺茫时，在座众人无不痛心疾首，激愤异常。学生金毓黻毅然拔刀断指，鲜血淋漓，众人大惊；学生李德权持刀刺股，血流如注，一时血溅咨议局。两人忍住断指刺股的剧痛，寻来白纸，眼含热泪，以鲜血奋力疾书“至诚感人”“请速开国会”等“血字”。在场众人无不深受感动。

这次请愿活动虽然又一次失败了，但学生们以救国救民为己任、视死如归的精神深深嵌入了李大钊的灵魂深处。

“那种悲惨激昂的光景，我终身不能忘。”李大钊作为请愿代表，被这番场景深深地震撼了！

当时，让李大钊为之深深震撼并对他产生深刻影响的还有他的老师白雅雨。

白雅雨是天津法政专门学堂的地理教员、同盟会在北京的负责人之一。对自己的这位老师，李大钊非常敬佩，课后常和同学一起邀请他讲评政治形势、历史典故。白雅雨曾对李大钊等人讲，在中国当时条件下，要变法、维新、立宪，都是不可能的；请求清政府开国会，也无异于“与虎谋皮”，劝大家“留热血以供后日用”，自己则开始从事秘密革命活动。武昌起义后，他以“拿破仑谓‘英雄字典中无难字’”之语鼓动同志发起响应。滦州起义时，他以赴汤蹈火之心前往参加，被任命为北方革命军政府的参谋部部长。被捕后，他在敌人面前大义凛然：“吾既为我主义而来，吾自当为我主义而死。”在绑缚刑场就义前，刽子手喝令他跪下，白雅雨大义凛然，回答道：“此身可裂，此膝不可屈！”并环顾面前的清兵道：“你们醒醒吧，今天你们做清朝的奴才，明天就要做洋人的牛马。共和大好，清朝腐朽，我们要为共和奋斗啊！”刽子手一脚把他踢倒在地，再次喝令他下跪，但白雅雨就是不跪，刽子手气急败坏，只好挥起大刀，先砍断他的双脚，然后再割下他的头。

白雅雨的壮烈牺牲让李大钊深感悲痛，在他的心灵中产生了很大的震动和影响，在他看来，白雅雨就是一个“断首的刑天”。恩师的英雄气概、辛亥革命的成功与失败，促使他由一个普通的爱国学生进而成为一名忧国忧民的志士。“在以后的革命斗争中，李大钊正是在新的历史条件下和更高层次上，继承和发扬了白毓昆（白雅雨）的品质和精神，甚至于在很多情形上他们都有相似之处。”

面对鲜血和屠刀，有些人害怕了，李大钊却没有害怕，更没有被吓倒。“刑天舞干戚，猛志固常在。”为了激励自己义无反顾，他把自己的名字由“李耆年，字寿昌”改为“李钊”，很快又改为“李大钊，字守常”，并为自己的学斋起名“筑声剑影楼”。“筑声”典出战国时燕国义士高渐离在易水河畔，用击筑发出悲壮乐声；为将要行刺秦王的荆轲壮行，最后自己也因用筑击杀秦王而死；“剑影”乃是比喻壮士荆轲刺杀秦王的剑刃寒光。由此可以看出，李大钊当时是怎样地壮怀激烈、慷慨悲歌，立志要成为触天的共工、补天的女娲！

1912 年秋，李大钊加入新成立的北洋法政学会，先后加入该会的有 250 余人。学会设立评议、调查、编辑、庶务 4 个部，其中编辑部人数最多，达 52 人。李大钊由于才思敏捷、文章出众，被推举同郁嶷一道担任编辑部部长。就在这年的 10 月，一部名为《支那分割之运命》的书在东京出版，作者署名“复堂学人”（日本狂热侵华分子中岛端）。中岛端的这本书体现了“日本侵华思潮中的乡野鸣叫”。此书用恶毒卑劣之语言，对中国肆意诋毁、谩骂，妄图得出中国的前途只能是被宰割、瓜分，最后陷于万劫不复的命运的结论，并竭力鼓动日本参与分割乃至独占中国。具有深厚爱国主义情怀的李大钊等青年读后无不义愤填膺。李大钊立即组织同学，共同翻译，并逐段附译者按或眉批，严加驳斥，并定书名为《〈支那分割之运命〉驳议》。该书以爱国主义、民族主义为主线，对中岛端的侵略谰言予以严厉的驳斥和反击，“字字皆薪胆之血泪”，足为国人“当头之棒、警梦之钟”，“激发其复仇敌忾之心”。该书于 12 月出版，一时“风行全国”。

尽管当时年轻的李大钊一腔热血，满怀豪情，一心想以那些舍生取义的志士作为自己效仿的榜样，可是，作为一介书生，他经常因为深感自己“无力补天”、不知道如何“补天”而痛苦、而焦灼，经常陷于深深的彷徨而无力自拔。这从他在此期间所写的《筑声剑影楼纪丛》《筑声剑影楼剩稿》等一系列诗文中可以看出端倪。

如《登楼杂感》之二：

感慨韶华似水流，
湖山对我不胜愁。
惊闻北塞驰胡马，
空著南冠泣楚囚。
家国十年多隐恨，
英雄千载几荒丘。

海天寥落闲云去，
泪洒西风独依楼。

在这首诗中，他感慨韶华似水，面对湖光山色心中有着难以言喻的忧愁。虽然听说北国发生了令人震惊的边患，却也只能像做了郑、晋两国囚徒的楚臣钟仪一样一筹莫展、无能为力，只能以不摘掉楚国的帽子来尽爱国之心。想到国家多年来饱受凌辱、仇恨累积，几千年雄踞东方的祖国如今山河破碎，几乎成为荒原土丘……虽心急如焚，却只能空怀报国之情，每到夜晚，夜不能寐，只能呆呆地望着天空慢慢飘去的云朵，感到一丝悲凉的西风吹过，在夜深人静的时刻，只能独自在小楼里仰天长叹，潸然泪下！

哦，拿什么拯救你啊，我的祖国？

是的，在天津法政专门学堂学习的6年，李大钊虽然“随政治知识之日进，再建中国之志趣，亦日益腾高”，却一直苦于空有一腔“志在补天”的激情和愿望，始终找寻不到“补天”的良策。

03 “敢问路在何方？”

李大钊是1913年“残冬风雪”之时东渡日本留学的。在此前后，他曾经历了一段长长的从失望到希望再从希望陷入失望的泥沼的心路历程，其内心的痛苦、彷徨与煎熬可想而知。

因为和北京相邻，当年天津也是戊戌时期维新思潮的发源地之一。1895年，当康有为、梁启超在北京借“公车上书”的声势，开强学会、办《中外纪闻》，进行维新动员准备之时，担任天津北洋水师学堂总教习的严复在天津《直报》发表了影响颇大的《辟韩》《原强》《救亡决论》《论世变之亟》等一系列文章。不久，又在《国闻报》连载轰动一时的《天演论》。这些文章和译著按语，抨击皇权制度和专制思想，指出中国有被列强瓜分的危险，号召国人变法图强。虽然，1898 年光绪皇帝在维新派支持下实行的新政仅仅持续了 103 天，但它的影响是巨大且深远的。“它的主要领导人之一梁启超成为其后启蒙运动和立宪运动中的重要人物；它的失败使一部分知识分子对清政府失去信心，走上革命道路。而谭嗣同等‘六君子’为中国政治改革流血，则给了蒋卫平、李大钊，以及许许多多爱国志士极大的激励。”

李大钊进入天津法政专门学堂之时，革命和立宪两股思潮都在发展。

1911 年 10 月，在内外因素的交集下，爆发了辛亥革命，导致了清政府的灭亡。推翻了几千年的君主专制制度，建立了中华民国，这让投身这场革命的人长时间内都充满自信，深感自豪，期待着“一旦我们革新中国的伟大目标得以完成，不但在我们的美丽的国家将会出现新纪元的曙光，整个人类也将得以共享更为光明的前景”。

曾在日本留学、对西方国家政治制度非常熟悉的宋教仁，在被刺前一个多月时，还兴高采烈地发表演说道：“世界上民主的国家，政治上的权威是集中于国会的”，“我们要停止一切运动，专注于选举运动”。“我们要在国会里头获得半数以上的席位，进而在朝，可以组成一党的责任内阁；退而在野，也可以严密地监督政府，使他有所惮而不敢不为。”

而在这时，刚刚 20 出头的李大钊自然是大喜过望，还在 1911 年年末或 1912 年年初辛亥革命烽火燃遍全国、清政府即将寿终正寝之时，心怀喜悦的他就曾写下了这样的诗句：

江山依旧是，风景已全非。
九世仇堪报，十年愿未违。
辽宫昔时燕，今向汉家飞。
……
何当驱漠北，遍树汉家旗。

诗中的“九世仇堪报”是借《史记》中齐襄公为其相隔九世的祖上哀公报仇，灭掉纪国的故事来比喻中华民族推翻清朝贵族统治。“十年愿未违”既可能是指《史记》中所载战国时期越王勾践“十年生聚，十年教训”故事，也可能是指10余年前戊戌维新志士的夙愿终于得以实现。“驱漠北”两句是针对当时沙俄政府鼓动外蒙古独立一事所发的感慨。

可是，现实很快又一次让他失望了！

民国成立后，尽管不单挂出了共和国的招牌，连议会制、多党制、普选等这些西方国家的政治组织和活动程序一时间也一股脑儿被热热闹闹地“舶来”中国。对这些“洋玩意”很多人一度抱有很大的期望，以为从此找到了“中国的药方”。

可是，奇怪的是，说起来那么美妙那么诱人的“洋玩意”，到了中国，没想到“播下的是龙种，收获到的却是跳蚤”，结果是，“普选徒具形式；多党制成了拉帮结派，党同伐异；议会里只有一批政客在吵吵嚷嚷；国民党在国会竞选中果然取得了多数，但对国民的实际利益却一无所补。等到袁世凯所代表的旧势力准备好了，猛扑过来，连那点形式上的东西也被抛到了九霄云外。”

在清王朝统治时期，政党被视为洪水猛兽，

人民集会结社被严禁。随着武昌起义成功和各省光复，帝制被推翻，广大民众特别是社会中上层人士参与政治的要求和激情迅即爆发，他们以为渴望已久的民主共和的议会制内阁制即可实现，而议会制内阁制的运作载体必是政党，政党将大有作为。政党合法化突破了传统政治文明对政党的敌视，从而树立起一种全新的政党观念，一时间，“集会结社，犹如疯狂，而政党之名，如春草怒生”。在 1912 年上半年就出现了上百个政党，组党参政，成为时尚。

但是，有感于这些政党口口声声说为人民作代表，为人民解除痛苦，但他们华衣美食、花天酒地，坐拥千金，以贿买选票，挥霍的都是人民膏血，故“今之所谓党者，敲吾骨吸吾髓耳”，李大钊对其深恶痛绝。也正因此，刚开始他既没有参加立宪派政党，也未参加同盟会或国民党。而是从巩固共和国之基和国计民生出发，对党派议员之相互攻讦、追求利禄、奢靡享乐，予以猛烈抨击。

一天，李大钊在学校图书馆发现范熙壬、汤化龙等于 1906 年留日时创办的《新译界》杂志，他立即借来如饥似渴地阅读。

范熙壬是清末民初颇具传奇色彩的学者与社会活动家。他本是封疆大吏张之洞的得意门生，完全可以从此平步青云，享受荣华富贵。但为了国家的振兴，他毅然参加“公车上书”，失败后，以初试、复试第一的佳绩考入京师大学堂。继而，他负笈东瀛，创办《新译界》，翻译《资本论》，探索法治救国之路。

尽管平时十分忙碌，范熙壬仍应天津北洋法政专门学堂的举办人汤化龙、孙洪伊之邀，往返于京津之间，兼任学堂教习。任教期间，他对正在法政学堂就读的“北洋二杰”之一的李大钊非常赏识，李大钊也十分敬重这位师长的人品与学问。此后，他们成为了亦师亦友、志同道合的好友。

通读完这本《新译界》杂志后，李大钊深受启发，经过认真思考，也想效法师长，参与筹建法政学会及创办月刊。1912 年初秋，他专程到北京，把自己的想法向范熙壬与北洋法政学校校董孙洪伊等一吐为快，立即得到两位师长的大力支持。9 月前后，北洋法政学会成立，李大钊与郁嶷担任该会编辑部部长，负责编辑出版会刊《言治》月刊。《言治》选择于国会成立之日——1913年4月1日正式出版。

也正是在这次去北京期间，李大钊见到了中国社会党北京支部负责人陈翼龙，经过一夜畅谈，毅然加入社会党。

之所以会突然加入"中国社会党"，也许，在李大钊看来，无论该党领导者陈翼龙的个人言行，还是党的宗旨纲领，都可以表明他们不是自己曾经批评过的"荧惑诽谤，以泄其私举"、排挤倾轧正义之士，以其私心党见误国的"小人"之流或"奸党"团体。他或许认为可以在这样的党内宣传和维护正义、人道，树立真正的体现民主立宪精神的政党。

1913年2月2日，中国社会党天津支部经过一番波折后正式召开成立大会，李大钊被推举为支部干事。然而，由于内务部迟迟不发批文，警察厅屡加干涉，支部工作一直无法开展。陈翼龙为此数次向内务部提出呈文，以"人道""公理""民权""法律"为武器质问当局，但毫无效果。

半年之后，陈翼龙因与国民党人联系，准备在北京发动反袁活动，被京师警察所侦缉队逮捕，于同年8月6日被杀害于北京。次日，中国社会党被宣布为非法组织，勒令解散。

据当时在社会党北京总部工作的曹百善回忆：“陈翼龙先生惨死后，万国社会党中国总部和天津支部被封，我也走了，李大钊先生也避到乐亭县的祥云岛。当他出走时，约郭须静随后也到祥云岛去暂住一时。”

以前，对于袁世凯，李大钊一度有过好感，甚至天真地希望袁世凯借助他的声望与权力能够拯救一盘散沙的中国于水火，但现在，他对这位倒行逆施的“窃国大盗”有些失望了。

也许是因为过度失望，过度悲愤，“伤世痛俗”的李大钊这时产生了羡慕“一种适于出世思想的净土社会生活”的心理，竟然有了一种当出家人悲观厌世的想法。这种时候，忧国忧民的李大钊，比以往任何时候都更迫切地希望找到一条出路，找到一剂能够匡时济世拯救中国的“药方”。幸运的是，这时他抓住了一个可以出国深造的机会。

1913年冬，经良师益友范熙壬、孙洪伊和汤化龙力争，李大钊获得了公费留日资格。

原来，汤化龙和孙洪伊都是由立宪派转而成为民初政界重要人物的，政治思想和观点较为接近，关系亦较密切，对李大钊的才干当然也十分欣赏。当他们得知李大钊接到同学寄自日本的邀他前去留学的信，正为经费无着而烦恼时，全都表示愿意给予资助。

1913年冬，24岁的李大钊登上了开往日本的轮船。

临行前，他在纪念友人郭厚庵的一首七律诗中，透露了对祖国命运的无限关切：

班生此去意何云，破碎神州日已曛。
去国徒深屈子恨，靖氛空说岳家军。
风尘河北音书断，戎马江南羽檄纷。
无限伤心劫后话，连天烽火独思君。

后来，他在《警告全国父老书》中描述了在船上对甲午战争的感悟："过黄海，望三韩故墟，追寻甲午复师之陈迹，渺不可睹。但闻怒潮哀咽，海水东流，若有殉国亡灵凄凄埋恨于其间者。”

一路上，李大钊的心情非常复杂，很是纠结。他想，去日本留学，以后的情形会是怎样呢？在那里，真的能寻找到一条拯救中国的道路吗？真的能找到一张挽救和治愈中国的“药方”吗？

而且，他的心中始终忘不了对日本这个给中国造成巨大伤害的“虎狼之国”的仇恨，忘不了对国事蜩螗风雨如磐的祖国的牵挂与担忧。

哦，祖国，我的祖国啊，为什么你总是这样地不幸？清朝被推翻了，民国建立了，可为什么依旧是“连天烽火”，“苍生水火，膏血横流”，国祸民哀，让苦难的中国人什么时候才能看到光明和希望？

此时此刻，远去日本，东渡“取经”的李大钊满腹悲伤，感慨万端，听闻着东流的海水“怒潮哀咽”，他感觉自己就像是当年被故国流放却依旧不忘忧国忧民的屈原。

04 “面壁”东瀛

像当年许多中国青年知识分子一样，李大钊对日本这个国家内心并无好感。就在他出国前再一次到五峰山游览时，在昌黎车站亲眼看到日本驻屯军士兵公然枪杀了 5 名中国警察。目睹寄放在地藏寺中的 5 口孤棺，悲愤交加的李大钊对天发誓：“山盟海誓，愿中原健儿，勿忘此弥天之耻辱，所与倭奴不共戴天者，有如碣石。”

而他之所以选择东渡扶桑，去日本留学，乃是因为自清朝起，日本一直是我国留学的重要国度。其主要原因，是戊戌变法后在中国兴起了研究日本的高潮：“同文同种”的昔日学生，何以变得如此强大？再加上留学日本有路途近、省钱、语言文字以及生活习俗相近等便利，所以在民国初期掀起了留学日本的热潮。

在留学日本早期，文科一直占据重要的地位，其中尤以法政科居多。这是因为晚清时期的政治领袖例如康有为、梁启超、孙中山等在流亡或潜入日本时，积极宣传政治主张和革命学说，客观上促进了留日学生政治意识的发展与强化。而孙中山与黄兴等人更是于 1914 年在日本亲自创办法政学校，招收中国革命人士，培养革命干部。

当时，在众多的中国留日学生中，有不少人是为谋求个人生路而东渡日本的，也有相当一部分是为挽救国家危亡因而“大江歌罢掉头东”来到日本想“面壁十年图破壁”的爱国者。

很显然，当年先后留学日本的李大钊以及周恩来等都属于后者。

不过，遗憾的是，无论李大钊，还是周恩来，抑或陈独秀乃至更前面的孙中山、胡汉民等“中国同盟会”的那批人，虽然都先后“面壁东瀛”，却都没能在东瀛岛国学到“破壁”的绝技神功，也没能找到挽救赤县神州的“中国药方”。当然，也不是无功而返，一无所获。

李大钊是 1914 年 1 月初踏上日本国土的。

来到日本后，他住进东京牛込区户塚町520番地的基督教青年会，开始学习日语和英语。没想到，初来乍到，日本就给他劈头盖脸狠狠上了一堂“政治课”。

那天，他兴致勃勃地去参观位于九段公园靖国神社附近的一家“游就馆”，没想到馆里陈列的展品竟然有许多都是从中国掠夺来的所谓“战利品”。这些掠夺品上面都仔细标有解释该物由来的标签，以表示大日本帝国的“荣耀和自豪”。

看到这些，李大钊心里顿时涌起一种莫可名状的愤怒、无奈与悲伤。

后来，他在《警告全国父老书》中这样写道：

“鼎彝迁于异域，铜驼泣于海隅，睹物伤怀，徘徊不忍去。盖是馆者，人以纪其功，我以铭其耻；人以壮其气，我以痛其心。惟有背人咽泪，面壁吞声而已。”

这些掠夺品在强盗成性的日本侵略者看来，是国家荣誉和骄傲的象征，而在李大钊看来，则是一种莫大的“中国耻辱”。

好在日本人也并非个个都是侵略主义者。有

些日本人对中国及中国人也很友好。今井嘉幸就是一个正直的日本学者。

今井嘉幸是李大钊在天津法政专门学堂读书时的外教。李大钊去日本留学时，正好今井嘉幸在中国的聘任合同也已到期回到日本。李大钊去拜访他时，正赶上今井嘉幸撰写完博士论文，准备申请博士学位。

今井长期以来关注和研究中国和外国不平等条约中的领事裁判权问题。他告诉李大钊，他对中国国内由袁世凯支持、康有为为会长的孔教会掀起的尊孔复古潮流“滋抱悲观”，认为该会将为中国废除领事裁判权一事设置障碍。他把自己的论文原稿给李大钊看，其中专门论述了各国在中国的领事裁判权和“外国行政地域”。

李大钊感到，该文“详于外力侵入中国之迹，且足为吾国将来撤去外国裁判权、收回外国行政地域之考镜”。于是，李大钊很快和一位同学将今井在这篇论文基础上写成的《中国国际法论》一书译成中文，由健行社出版。

在留学日本期间，李大钊以文会友，广交志

士，结识了许多优秀分子，其中，最著名的两位就是章士钊和陈独秀。

章士钊是一个很有故事的人。

章士钊（1881—1973），字行严，1881 年出生于湖南省善化县（今长沙市）。其少时苦读，“午夜不肯息”。21 岁时考取南京的江南陆师学堂，并成为该校的学生领袖。22 岁时被聘为《苏报》主笔。24 岁时流亡日本并成为孙中山、黄兴的策士。

1912 年秋，回国后的章士钊在被袁世凯称为“旷代逸才”的老友杨度带领下前往“公府”见袁大总统，袁世凯爱才心切，竟让章士钊住进自己在府外的家里。此后半年，时常召见。可是，1913 年 3 月 20 日晚，章士钊在与袁共进晚餐时，旧友宋教仁被人暗杀的电报传到袁世凯的手里，袁手握电报，叹曰：“遁初（宋教仁字）可惜，早知如此，何必当初？”

章士钊听出了话外音，第二天即逃离京都，潜往上海。在自己家中鼎力促成各方共同讨袁。数月后，南方各省军兴，讨袁檄文即出自章士钊之笔。讨袁失败后，章士钊再度流亡日本，办《甲寅》杂志。

李大钊就是在这期间认识章士钊的。

在国内时，李大钊就很爱读章士钊主编并主笔的《独立周报》，对章士钊的主张深表赞同，并担任该报在天津的“代派人”。到日本之后，他在翻阅报刊时，忽然见到章士钊主编的《甲寅》即将出版的广告。欣喜之余，李大钊写了一篇题为《风俗》的文章，并写了一封信一起寄给了章士钊。在文章和信中，李大钊的署名为“李守常”。

章士钊当时并不认识这位李守常，但当他读了李大钊的文章和信后，“惊其温文醇懿，神似欧公，察其自署，则赫然李守常也”。于是，非常爱才的章士钊立即按照信上附的地址写信约李大钊到《甲寅》编辑处的东京小石川林区的一间小屋子里见面。

见了面，两人一见如故，章士钊亲切地问李大钊：“你向《甲寅》投稿，为什么不署本名而用号？”李大钊微笑着回答：“先生名钊，我何敢名钊！”简单的一句话，体现了李大钊的谦虚、机敏、幽默，也表现了李大钊对章士钊的尊重。以后，两人一直私交甚厚。

李大钊与陈独秀的相识也在东京，而且，也与章士钊有关。

一天，李大钊在章士钊主办的《甲寅》上看到一篇署名为“独秀”的文章《爱国心与自觉心》。此文开宗明义提出“人民何故必建设国家？其目的在保障权利，共谋幸福，斯成立国家之精神”。文中指出，要有爱国心也要有自觉心，“恶国家甚于无国家”，如果是一个人民在其中没有权利，无幸福可言的国家，“瓜分之局，何法可逃，亡国之奴，何事可怖”。此文刊发后很快引起舆论哗然，不少人指责其不爱国。

陈独秀，字仲甫，1879 年 10 月出生于安徽省怀宁县十里铺（今属安庆市）。1896 年，17 岁的陈独秀通过院试成为秀才，但次年赴南京江南贡院参加乡试落榜，未能考中举人。1897 年，考入杭州求是书院，学习法文和造船。1901 年 10 月，陈独秀首次留学日本，进东京弘文学院师范科学日语。1902年3月返回，组织青年励志社。9月，陈独秀再次赴日，读东京成城学校陆军科。陈独秀在日本受到西方社会主义思想的影响。1903年3月31日夜，陈独秀、张继、邹容3人强行剪去湖北陆军学生监督姚昱的辫子，因而被遣送回国。

陈独秀回到安庆后，1903年5月17日在藏书楼发表拒俄演说，创办安徽爱国会。当清政府开始镇压时，陈独秀逃往上海，与章士钊等人出版《国民日日报》，不久即遭查禁。1907年春，陈独秀第三次留学日本，入东京正则英语学校学习，后入早稻田大学学习法国等西欧文化，1年后又回国。

1911年，辛亥革命爆发，陈独秀应邀回乡任安徽都督府秘书长和安徽高等学堂教务主任。1913年，陈独秀追随柏文蔚参加反袁世凯“二次革命”，在芜湖一度遭逮捕，后获释。1914年春，反袁运动失败后，陈独秀第四次赴日本，协助章士钊办《甲寅》杂志。

李、陈二人就是在这个时候相识的。

李大钊与陈独秀都是章士钊的挚友，而且两

人当时都在东京协助章士钊编办《甲寅》，经常出入编辑部，只是互不相识。《爱国心与自觉心》发表后，李大钊跑去找章士钊，询问：“独秀是谁？”章士钊告诉李大钊，“独秀”就是陈仲甫，并愁眉苦脸地说：“不少读者质问我们为什么发表这样悲观的文章？甚至有人骂独秀道：‘以为不知爱国，宁复为人，何物狂徒，放为是论’，你看，仲甫成了狂徒了！”

虽然素昧平生，但对陈独秀，李大钊久仰大名，而且也早就了解“文如其人”的陈的性格与为人，这时就叹口气说：“仲甫个性刚烈，所谓好汉不吃回头草也。”

章士钊无可奈何地随即提出建议，“守常，我看你有不同意见，不妨也写出来，从容讨论。”李大钊欣然赞成：“好，我听你的！”

回到住处，李大钊下功夫写成《厌世心与自觉心》一文寄给章士钊，还给章写了一封信，希望章士钊能够代他约陈独秀面谈。

后来，经过章士钊的竭力撮合，再加上看了《厌世心与自觉心》后，被李大钊的文章所打动，

“个性刚烈”的陈独秀终于同意与李大钊见面。对于这次见面，王俊彦在《李大钊陈独秀“不打不相识”》一文（《炎黄春秋》2001 年第 4 期）中作了生动描述，兹抄录如下：

这天，李大钊早早来到章士钊家，时过一刻，又走进一个手提大提包、身着西装革履的中年男子。

李大钊定睛观看，只见此人小个子，宽宽的脑门，头发稀疏，眼睛虽然不大，透过博士眼镜却射出一种智慧的光芒，脸上显出坚毅的神情。

陈独秀大大咧咧地走了进来，热情地走到李大钊面前，紧紧地握住李大钊的双手，风度翩翩道：“不用介绍了，您就是李大钊先生！哈哈……”

陈独秀突然激动地向李大钊深鞠一躬说：“我感谢您那篇文章，使我丢弃了消极的情绪，代之而起的是乐观主义精神！犹如在茫然中又觅到了坦途！今天，我是特为拜师求教而来的！”

这时的李大钊衷心地为找到这样志同道合的

战友而兴高采烈，怀着崇敬的心情说：“我坚信您是一位爱国者！只恨相见太晚……”

陈独秀以坚毅的神情回答：“不，我应当做一个敢于向真理投降的勇士。”

章士钊夫人吴弱男情不自禁地对陈独秀啧啧称赞道：“仲甫真是一个大丈夫，能伸能屈，不耻下问，算得一个英雄豪杰！”

……

李大钊把话题拉了回来，虚心地向陈独秀讨教：“仲甫先生，你对救国救民有何高见？”

陈独秀慷慨激昂地指出，经过长时间地苦苦探索，他摸索到一条从根本上挽救黑暗到了极点的中国的道路，决定暂时远离“盲动”而从事于扎扎实实的思想文化战线上的工作，就是重新向人民大众做思想启蒙教育，期望通过发动一次比康梁变法更深刻的思想启蒙运动，以便从更深广的思想文化背景，寻找改造中国的突破口。

这正是李大钊正在思考的问题，他大受鼓舞，情不自禁地问道：“仲甫先生，我们应该从哪里着手呢？”

陈独秀将他思之已久的想法和盘托出，他主张科学与民主，才是驱散中国大地沉沉黑夜的两盏明灯，没有民主，就没有进步，也没有革命；没有科学，就不能生存，就要亡国。国人欲摆脱蒙昧时代，羞为浅化之民也，则应急起直追，当以科学与人权并重，就应高举科学与民主两面大旗，冲击孔教。

李大钊对此完全赞同："如果中国四万万同胞都明白了民主与科学的重要意义，就能够从思想上杜绝帝制思想！"

陈独秀霍然站起，以凌然之气宣称："大钊先生所言极是，我准备回国后，针对袁世凯复辟称帝的卖国行径，高举科学与民主这两面大旗，引导四万万同胞去战斗！"

……

这是中共党史上两位伟人的第一次见面，从此，两人成了莫逆之交。当时，肯定连陈、李两人自己也没想到，不久后他们会成为中国共产党的创始人。

1914年9月，李大钊考入早稻田大学政治学部。

早稻田大学接收中国留学生的历史可以追溯到20世纪初。当时早稻田大学每年要接收中国留学生数百名，为便于管理，学校设立了清国留学生部，学制一般为两年，中国学生学满后通过选拔考试可以进入本科与日本学生一起学习。

在早稻田大学，李大钊度过了近3年的求学时光。至今，在早稻田大学史料中心，依然保存着100多年前曾在这里留过学的中国留学生的资料。有一本厚厚的《早稻田大学百年史》，其中记录清朝留学生的章节里，如此记载了李大钊："曾有一批中国共产党创立先驱在早稻田学习过，比如李大钊和陈独秀。他们在校期间受到安部矶雄经济学的影响，在日本学习期间发表数篇思索中国命运的文章，积极参与与中国相关的运动：如反对日本'二十一条'，并在中国护法运动兴起之时毅然退学回国。"

李大钊留日的3年中，日本并不平静。当时早稻田大学聚集了一批希望建立英式立宪政体的学者。这些学者的讲义里，充斥着民主主义和自由主义的思想。在这样的情势下，原本就是为了寻找救国救民真理而来的李大钊，在日本时更多的精力就更是主要放在了当时的社会运动上。1915 年 1 月，日本向中国提出了灭亡中国的“二十一条”。此事一出，在留日中国学生中引起强烈反响。李大钊参加了留学生的反对“二十一条”斗争，被推举撰写的通电《警告全国父老书》传遍中国，他也因此成为著名的爱国志士。

在日留学期间，李大钊发表了一系列政治色彩浓厚的文章，如《国民之卧薪》《厌世心与自觉心》《民彝》《新生命诞孕之努力》等，这些文章都反映出李大钊深切的忧国忧民之心。

随后护国战争爆发后，李大钊等人再次组织了留日学生总会，并负责编辑留日学生总会机关刊物《民彝》。1916 年 5 月，为了继续支持护法运动，李大钊最终选择中断学业返回祖国。

1916 年 1 月底，李大钊为讨袁事宜，由日本横滨乘船回上海。在船中他写下一首诗：

浩淼水东流，客心空太息。
神州悲板荡，丧乱安所极。
八表正同昏，一夫终窃国。
黯黯五采旗，自兹少颜色。
逆贼稽征讨，机势今已熟。
义声起云南，鼓鼙动河北。
绝域逢知交，慷慨道胸臆。
中宵出江户，明月临幽黑。
鹏鸟将图南，扶摇始张翼。
一翔直冲天，彼何畏荆棘。
相期吾少年，匡时宜努力。
男儿尚雄飞，机失不可得。

诗的开头4句仍表达他对祖国遭受政局变乱、社会出现动荡不安的伤感，但用“板荡”一词则暗示了这种不安是袁世凯的帝制活动造成的。接下来4句肯定了正是已成为暴君“一夫”的袁世凯窃取民国之权，使民国的旗帜失去了颜色。诗的最后几句表达了李大钊对自己和同一代青少年应与世俗偏见、错误思想与行为进行斗争并立志为国建功立业的愿望。

“斯人正憔悴，吾辈尚蹉跎，故国一回首，谁堪返太和”。护法运动兴起，远在日本的李大钊跟陈独秀说，该是我们回去的时候了。

那一刻，正是中国水深火热的时刻。

那一刻，在日本留学的李大钊与陈独秀其实并没有找到救国救民的药方。

05 中国的“药方”

1916年1月，李大钊放弃即将取得的学位，回到“神州悲板荡，丧乱安所极”的祖国。这年7月，他出任《晨钟报》编辑部主任，热情豪迈地撰写发刊词，激励青年“人人奋青春之元气，发新中华青春中应发之曙光”，意在振此“晨钟”，唤起“吾民族之自觉的觉悟”，担当起“青春中华之创造”的使命。并表示自己要“高撞自由之钟”，激励青年，惊醒“睡狮”中华！

但是，由于《晨钟报》的两个创办人——当年曾一同资助李大钊留日的汤化龙与孙洪伊之间矛盾日益尖锐，李大钊夹在他俩之间左右为难，再加上他为《晨钟报》撰写的宣传民主主义思想，反对封建专制独裁，抨击和揭露军阀、官僚、政客之间钩心斗角、争权夺利的文章一再被汤化龙左右的人

擅加删改，而李大钊宁肯失业也不愿违背他的办刊宗旨，所以，1916 年 9 月 5 日他毅然辞职。

1917 年 5 月间，因妻子生病，李大钊回到家乡。算起来，从日本回国，只是在离开《晨钟报》后，“但知主义不知家”的他才回家住了 3 个星期。6 月 22 日，李大钊返回北京。7 月 1 日，张勋正式宣布复辟，李大钊继续留在北京既无意义也不安全，于是来到上海。11 月 11 日，经好友章士钊的引荐，李大钊复又回到北京，担任北京大学图书馆主任一职。

就在李大钊北上的前一天，即 1917 年 11 月 10 日，受孙中山控制、客观报道俄国情况的上海《民国日报》第 3 版登载了《突如其来之俄国大政变》的头条新闻。

这是中国最早报道十月革命的报纸。

当时，由于通讯不畅，再加上李大钊正匆匆北上，并没有及时看到这一消息，一直到就任北大图书馆主任之后，他才于不经意间在图书馆内浏览到了这一早已成了“旧闻”的报道。11 月 11 日，《民国日报》又刊登《俄国大政变之情形》，详细报道了十月革命的经过。于是,“里林”“里宁”“李宁”（均为列宁音译）成为中国报刊上的新闻人物，《劳动》杂志还刊载了《俄罗斯社会革命之先锋李宁事略》。这时，李大钊正在对这一事件悉心观察并深思熟虑，然后，将自己的思考与结论一一诉诸笔端。“十月革命一声炮响”，后来的事实证明，在中国，李大钊虽然不是第一个作出反应的人，但绝对是第一个对十月革命的意义认识和阐释得如此深刻如此全面的人。

很快，李大钊关于十月革命的文章就像一发发炮弹通过《甲寅》杂志“发射”了出来，在中华民国建立后依旧黑暗的赤县神州上空轰然炸响。

在这些文章中，李大钊认为，俄国君主制度的崩溃和群众民主觉悟的提高是二月革命的主要成果。同时他认为，俄国革命是具有世界意义的事件，是鼓舞中国人民解放斗争的榜样。李大钊写道:“今以俄人庄严璀灿之血，直接以洗涤俄国政界积年之宿秽者，间接以灌润吾国自由之胚苗……宜引俄为前车而速自觉察者也。”

毕竟是一位优秀的政治家，李大钊的洞察力

令人吃惊，推翻罗曼诺夫王朝使他一下子联想到了中国的辛亥革命。他懂得，中国革命尚未完成，为了捍卫共和的成果，还有许多事情要做。他认为欲达此目的，中俄两国人民的解放斗争必须团结一致。他指出："平心论之，俄国此次革命之成功，未始不受吾国历史革命之影响，今吾更将依俄国革命成功之影响，以厚我共和政治之势力。"李大钊在仔细分析俄国革命对中国政治发展前景的影响后得出了完全正确的、有根据的结论：既然中俄之间"存在因果之定律"，这就足以使两国之间建立友好关系。

1918年7月1日，《言治》季刊第三号发表了李大钊的《法俄革命之比较观》。那时是年轻的苏维埃国家生活中最复杂和最困难的时期。帝国主义的宣传机器、诽谤者、庸人、悲观主义者把十月革命描绘成一片混乱、杂乱无章，到处是暴力，等等，把布尔什维克说成是造成这种状况的罪魁祸首。而在这篇文章中，李大钊认为俄国事件不是"布尔什维克的阴谋"，而是一场真正的政治和社会革命。李大钊指出："俄国革命最近之形势，政权全归急进社会党之手，将从来之政治组织、社会组织根本推翻。”李大钊解释说，法国大革命时期的过火行为、骚乱、损失、破坏，同样引起了某些阶层的恐慌、悲观和其他类似的情绪。他写道：“在法兰西当日之象，何尝不起世人之恐怖、惊骇而为之深抱悲观。尔后法人之自由幸福，即奠基于此役……今之为俄国革命抱悲观者，得毋与在法国革命之当日为法国抱悲观者相类欤。”

李大钊把十月革命和法国革命相提并论，正确地称这两次革命是人类历史上的两个转折阶段。法国革命奠定了新时代的基础，决定了 19 世纪文明的发展，而十月革命则为已经到来的时代奠定了基础。李大钊强调指出：“俄国今日之革命，诚与昔者法兰西革命同为影响于未来世纪文明之绝大变动。”

此文发表后，有几个月时间，李大钊没有再发表此类文章，直到那一天北京大学在天安门前举办演讲会，他才登上讲坛，激情洋溢地发表了著名的演说——《庶民的胜利》。

那是1918年11月，第一次世界大战结束了。

当时的中国北洋军阀政府曾参加协约国向同盟国的德、奥宣战。战争以协约国击败同盟国而告终。作为“胜利者”，北洋政府当局理所当然要为此举行庆祝胜利大会和游行。那些天里，北京城里，只听见“胜利了！胜利了！”的喊声，大家兴高采烈的，都以为这次中国扬眉吐气，要分享“胜利的果实”了！ 11 月 29 日，北京大学在中央公园（后改称中山公园）举办讲演大会，李大钊到会讲演，讲题就是《庶民的胜利》。他明确地告诉中国的工人阶级和全国人民，这次的胜利者，“不是那一国的军阀或资本家的政府，是全世界的庶民”。他指出:“须知今后的世界，变成劳工的世界。”他号召:“要想在世界上当一个庶民，应该在世界上当一个工人。”

想当年，李大钊的爷爷李如珍总是喜欢在一群农民中间声如洪钟、口若悬河而又头头是道地谈天说地、议古论今，因而得一绰号“李铁嘴”。李大钊显然继承了他爷爷的演讲才能。据说，李大钊站在讲台上的姿态常常是:“两只手支在讲桌上稳稳地立着，身子不大移动”，“说话时，声调

不高，很沉、很慢，还带些乡音，头向前微倾并且侧着”。

据说，他的演说让人“觉得有极大的煽动力”，那不是来自手舞足蹈的渲染，亦不是靠抑扬顿挫、字字珠玑的声音语言技巧，而是靠新颖的听众急欲了解的知识内容、丰富的资料和富于逻辑的表达，特别是他的言行一致的为人准则。了解他的人“都曾以他的演说辞来作解释群众心里的实例——他是一个言行一致的布尔什维主义者，所以能号召、能鼓励一般群众，他的演说辞也因这样才有力量”。

那天在天安门前的演说，李大钊激昂慷慨、滔滔不绝，以致感染打动了台下几乎所有人。尽管北京的冬天寒冷刺骨，台下熙熙攘攘的听众却群情激奋。人群中有个瘦高个子、说话一口湖南口音的年轻人更是神情专注、热血沸腾。他，就是青年毛泽东。其时，毛泽东刚刚从湖南乡下来到北京，还是一名“北漂”。

很快，由陈独秀主编的《新青年》杂志第5卷第5期便推出了他的这次演讲《庶民的胜利》

以及另一篇文章《布尔什维主义的胜利》。李大钊称十月革命是“立于社会主义上之革命”，是“二十世纪世界革命之先驱”，俄国布尔什维克及其思想政治信念布尔什维主义是世界上正在进行的以及将来的革命变革的旗手。他写道：布尔什维主义虽“为俄人所创造”，却反映了“二十世纪全世界人类人人心中共同觉悟的精神”。

李大钊认为，继十月革命之后发生的德国和奥匈帝国的革命，以及欧洲其他各国出现的革命高潮都是“俄罗斯式的革命”，因为这些革命旨在根本改变这些国家的政治和社会制度。李大钊坚信，革命的解放运动将日益深入扩展，将席卷全球，最终将要带来全球被压迫民族的解放。他满怀信心地预言道：“由今以后，到处所见的，都是 Bolshevism 战胜的旗。到处所闻的，都是 Bolshevism 的凯歌的声。人道的警钟响了！自由的曙光现了！试看将来的环球，必是赤旗的世界！”

在歌颂十月革命的同时，李大钊已经注意将十月革命的历史经验与中国革命实践结合起来，认为中国革命必须走俄国十月革命之路。“我们劳苦的民众，在二重乃至数重压迫之下，忽然听到十月革命喊出的‘颠覆世界的资本主义’‘颠覆世界的帝国主义’的呼声，这种声音在我们的耳鼓里，格外沉痛，格外严重，格外有意义。”李大钊号召中国人民乃至世界上被压迫的民族都应该很深刻地觉悟他们的责任，应该迅速结成“民主的联合阵线”，建设一个人民的政府。

诚所谓“英雄所见略同”。几乎与此同时，陈独秀也主张将十月革命的经验与中国革命实践结合起来，以十月革命作为中国革命的榜样，推动中国革命运动不断发展。比如他在论述中国革命的前途时，就将十月革命作为范例，论述中国国民革命的前途可能会像十月革命一样，由无产阶级取得政权，而不是资产阶级取得政权。

今天，我们可以完全肯定地说，当时李大钊与陈独秀的预感与判断是对的，经由俄国十月革命，让他们一下子茅塞顿开、豁然开朗。事实上，这两位中国共产党的先驱、创始人不谋而合，不经意间已经找到了救国救民的“中国的药方”！

更为难能可贵的是，在此期间，李大钊已经深刻认识到，俄国十月革命是革命理论与革命实践的结合。他所认为的革命理论就是马克思主义。在为纪念卡尔·马克思诞辰100周年而写的《我的马克思主义观》一文中，李大钊指出："自俄国革命以来，'马克思主义'几有风靡世界的势力，德奥匈诸国的社会革命相继而起，也都是奉'马克思主义'为正宗。'马克思主义'既然随着这世界的大变动，惹动了世人的注意，自然也招了很多的误解。"就在这篇文章中，他把马克思主义叫作"能改造世界之学说"。

李大钊熟悉科学社会主义奠基人的主要著作。早在第一次世界大战前夕，在日本早稻田大学学习期间，他就开始阅读这些著作，回国后继续努力钻研。俄国十月革命之后，他在北京大学任教授期间，同其学生一起认真地研读了马克思主义著作。

据说，就在李大钊开始研究并与好多位教授共同探讨"马尔格斯学说"真谛的时候，有一天却在北京大学有惊无险地发生了这样一件事。

北京的警察局正在那里起劲地"防止过激主

义传播”，听说北京大学有人研究“马尔格斯学说”，嗅觉异常灵敏的密探也就跟踪而至。

“不许传播过激主义！”密探瞪圆双目，对那位八字胡先生发出了声色俱厉的警告。

“先生，请问你知道什么是‘马尔格斯学说’吗？”那位图书馆主任用一口标准的京腔，冷冷地问道。

密探瞠目以对，张口结舌，答不出来，只得强词夺理道：“管他什么‘马尔格斯学说’，反正不是好东西！”

“先生之言错矣！马尔格斯是世界上鼎鼎大名的人口学者。‘马尔格斯学说’，是研究人口论，与政治无关，与‘过激主义’无关！”图书馆主任如此这般解释道。

这时，另几位教授也大谈起“马尔格斯人口论”是怎么回事。密探弄不清楚什么“马尔格斯”“马尔萨斯”，只得悻悻而去。

那位八字胡先生就是李大钊，乃中国第一个举起传播马克思主义旗帜的人。那时，他在文章中称马克思为“马客士”，但是，在组织马克思学说研究会时却称“马尔格斯学说研究会”，为的是令人误以为是“马尔萨斯学说研究会”，避开警方的注意。

这件事并没有引起李大钊的担忧和害怕，这以后，他依然故我，执着一念地在北大图书馆继续研究和传播他的“马尔格斯学说”。

到这时，李大钊觉得，中国的“药方”已经找到，接下来要做的事情就是如何尽快“抓药”“服药”，如何想尽一切办法号召民众走俄国十月革命之路，尽快救治好“百年多病”的中国，使中国早日成为“赤旗的世界”。

06 北大，北大！

北京大学的前身是京师大学堂，创办于 1898 年，是“戊戌变法”硕果仅存的“早产儿”，所以，从诞生那天起，它就与时代和国家的命运紧密相关，打上了深刻的“政治烙印”。1912 年 5 月，根据新成立的中华民国教育部令，京师大学堂改称为北京大学。1917 年年底，经章士钊向校长蔡元培举荐，没有完成早稻田大学本科学业的李大钊来到北大，被任命为北大图书馆主任。而就在这年的 1 月，比李大钊整整大了 10 岁、也是他在日本留学时的好友、当时因主办《新青年》杂志而名动全国的陈独秀已先他一步调入北大，被校长蔡元培聘任为北京大学文科学长并教授文学。

李大钊上任伊始，便发布了“图书主任告白”，并参照各国大学图书馆章程制定了较为完善的《修正图书馆借书规则》，并身体力行，带头向图书馆捐赠中外文书刊数百册。这年 10 月，北京大学利用比利时仪品公司提供的 20 万元借款，在学校东操场兴建的“红楼”竣工。这里被称为北大第一院。图书馆随同校总部和文科搬到这里。

北大的这座“红楼”与浙江嘉兴的“红船”一南一北，称得上是中国共产党的“红色摇篮”。当年，这座“北大的红楼”是李大钊、陈独秀、毛泽东等最早传播马克思主义和民主科学进步思想的重要场所。1919 年五四运动中，红楼和它北面的操场是反帝爱国运动的策源地。所以，从某种意义上说，“北大的红楼”其意义丝毫不亚于“嘉兴的红船”。如果没有马克思主义和民主科学进步思想在“北大的红楼”里的孕育，也许就不会有 1921 年夏天中国共产党在“嘉兴的红船”上的顺利诞生。

当年的北大是蔡元培、陈独秀、李大钊当然也包括胡适等一代名人荟萃的中国最高学府。陈独秀与李大钊志同道合，两人经常在红楼图书馆的办公室里饶有兴致地隔桌而坐，品茗交谈。他

们共同酝酿的《每周评论》于1918年12月22日创刊。该刊多发表短篇文章，重在批评时弊。它与《新青年》都是以宣传新思想、提倡新文学为宗旨。李大钊任职不久，北大图书馆就成了中国革命播撒共产主义种子的发祥地，成为革命领袖凝聚智慧的摇篮。

李大钊不仅与陈独秀一起通过办刊物来宣传革命，而且还在实践活动方面，积极组织青年人从事革命活动。他在北大创办的马克思主义研究会，以红楼图书馆主任办公室为园地，吸收邓中夏、高君宇、张国焘、何孟雄、罗章龙、朱务善、赵尔康、秦君等青年学生中的先进分子参加，向他们传播马克思主义的基本理论。北大学生许德珩、邓中夏、黄日葵、高尚德、张国焘、段锡朋、易克嶷等，成立了《国民》杂志社，聘请李大钊为顾问。文科学生傅斯年、罗家伦等发起组织"新潮社"，李大钊不仅担任顾问，为《新潮》撰写文章，而且在他们遇到困难时，还解囊相助，并在图书馆专门拨一间房子供他们使用。

1918年5月21日，北大、高师、高工等校学生 2000 余人为反对中日协定，破天荒地举行游行请愿活动。

这次游行请愿活动可以说是 1 年以后的五四运动的提前预演，虽然没有结果，但学生认识到必须联合起来，于是北京一部分学生组织学生救国会，并派出许德珩、易克嶷等人南下联络。他们与天津的北洋大学学生张太雷，工专学生马千里、张传琦、马骏、郭隆真（女）、谌志笃，武汉的恽代英，九江的方志敏，南京的林祖列，上海的张闻天等爱国学生建立联系。学生救国会几乎成为全国性的学生团体了。1919 年 3 月，邓中夏在李大钊的指导下，在北大发起组织平民教育讲演团，一时加入的有 39 人，宗旨是“增进平民知识，唤起平民之自觉心”。他们在北京的大街小巷作讲演，向平民进行启蒙教育。

1919 年 1 月，各战胜国在法国巴黎凡尔赛宫举行“和平会议”。作为“战胜国”，中国代表团在会上理所当然地提出取消帝国主义在华一切特权，废除日本签订的“二十一条”卖国条约。没想到，西方列强却狼狈为奸，对中国代表团的正当要求置若罔闻，竟然将德国在山东强占的一切特权全部让给日本，并写进《协约和参战各国对德和约》中去。

巴黎和会上中国外交失败的消息传到国内，国人大为震惊，全国上下奔走呼号，沸沸扬扬。善良的中国人民的感情受到极大的刺激与挫伤，青年知识分子尤其义愤填膺、怒火中烧。

早在巴黎和会刚刚召开的日子里，李大钊就密切注视着帝国主义的侵略野心。1919 年元旦，他撰写《大亚细亚主义与新亚细亚主义》一文，刊发在 2 月 1 日出版的《国民》杂志上。该文以其崭新的观点，严肃地指出日本一些人所宣扬的“大亚细亚主义”之本质是“吞并弱小民族的帝国主义”，“是并吞中国主义的隐语”，一针见血地揭示了日本的“大亚细亚主义”的侵略性与欺骗性，鲜明地提出反对帝国主义的口号。李大钊的“新亚细亚主义”的中心内涵是亚洲各民族自决、平等联合，积极反对侵略，以求得民族独立与解放。这在当时，对于提高中国人民对日本军国主义的认识与警惕，确有振聋发聩的作用。

5 月 1 日，李大钊帮助《晨报》副刊出版“劳动节纪念专号”，这是在中国报纸上头一次纪念世界无产阶级的节日。李大钊发表《五一节杂感》，指出这个日子是工人阶级“直接行动”取得成功的日子，是工人的祝典日。“直接行动”，这是李大钊介绍国际工人运动情况时多次提到的，含意就是不经当局同意批准，发动群众，直接采取法律范围以外的行动，来达到革命的目的。在“五四”前夕，李大钊的文章第一次把“直接行动”公开提出来，为即将来临的“五四”革命风暴发出了战斗信号。李大钊及团结在他周围的革命知识分子为五四运动进行了思想动员和组织准备。

对于巴黎和会中国外交失败的消息，北大校长蔡元培也义愤填膺。5月2日，他召集100余名北大学生代表开会。会上他讲述了巴黎和会上帝国主义互相勾结、牺牲中国主权的情况，指出这是国家存亡的关键时刻，号召大家奋起救国。5月3日，他得知北京政府已密电巴黎，令中国代表在“和约”上签字后，立即转告了北大学生。

这天晚上，北大法科大礼堂挤满了学生。听到演讲者讲述中国在和会上外交失败的情形，都捶胸顿足，愤慨万分。有一个北大学生，当场咬破中指，撕破衣襟，血书“还我青岛”4个大字，悬挂在会场的台前，表示爱国的决心。

就这样，在这个注定会载入中华民族史册的晚上，中国人民的爱国热情以及反抗帝国主义列强侵略的怒火首先在北大点燃了！这是北大的怒火，也是全体中华儿女的怒火！

5月4日下午1时，北京大学等14所大中专学校的学生3000多人纷纷来到了天安门广场。他们手拿各色各样的旗子、标语牌，上面写着“取消二十一条”“还我青岛”“宁肯玉碎，勿为瓦全”等字样，有的还绘着山东的地图和各种讽刺画。

当学生们正在天安门集会时，北洋军阀政府的步军统领和警察总监带着一批军警闻讯赶来，企图以“大总统”的命令解散学生队伍。学生们愤怒极了，高呼“打倒卖国贼”。随后，游行队伍浩浩荡荡地前往东交民巷使馆区准备前往日本驻华使馆抗议。受阻后，游行队伍不顾军警的阻挠，转奔位于赵家楼胡同的曹汝霖住宅。警察总监加派200名警察守卫曹宅。学生围攻警察，向他们讲道理。

還我青島

少数勇敢学生则从窗口跳入院内，打开大门，使大队冲进曹宅。总统午宴不欢而散后，曹汝霖带着章宗祥刚偷偷溜回家，这时听到学生“打上门来”赶紧又从后门溜走。学生们痛打了正在曹家躲藏的章宗祥，并在曹宅放起火来。

这便是震惊全国的“火烧赵家楼”事件。

那天学生们之所以能够痛打章宗祥、火烧赵家楼，实事求是地说，也与警察们的暗中纵容有关。

据当时记者报道，五四当天，步兵统领李长泰劝聚集在天安门的学生散去，有学生骂他是“卖国者”，他回答：“你们有爱国心，难道我们做官的就不爱国，就要把地方让给别人吗？”并表示愿意为学生转达意见，但恳请学生不要用野蛮的方式，当学生回答自己极为文明后，这位长官便坐车扬长而去。

事实上，当学生闯入赵家楼、放火烧房时，全副武装的军警都不为所动。其时，章宗祥遭学生毒打，全身 50 多处受伤，而在场的几十个带枪军警竟然束手无策，他身边有人向警察呼救，巡警回答说：“我们未奉上官命令，不敢打（学生）。”

五四运动爆发后，北大几乎“一夜成名”，迅速成为全国乃至世界的新闻中心。以致当时流传着一句话叫作“全国看北京，北京看北大”。而北大，很显然更主要的是看陈独秀、看李大钊。

李大钊和陈独秀一起领导了这场运动，他亲自参加游行示威，提出了明确的主张。有学生被捕后，他组织成立北大教职员联合会，与学生联合会一道奋力营救。校长蔡元培留下一纸辞职启事突然出走后，他立即在北大开展“挽蔡”斗争。当时，他在红楼的办公室成了革命青年们经常聚会的地方，实际上成了运动的临时指挥所。他每天在红楼办公室里了解、研究运动进展情况，并制定下一步斗争的策略，有力地推动了五四运动向全国的辐射。

有学者说得好，五四运动是一个时代的节点，是千年荣耀的骄傲与近代百年屈辱的悲哀的交汇点，中国知识精英在这个节点开始重新寻找方向，开始踏上救赎国家，救赎民族，乃至救赎自我的道路……

五四爱国运动后，李大钊、陈独秀分别在北

京和上海成立了“马克思学说研究会”和“马克思主义研究会”，许多先进的知识青年团结在他们的周围。从日本回来的一批留学生，如李达、陈望道、李汉俊，也为翻译和宣传马克思主义做了许多工作。这表明，五四运动为中国共产党的建立做了思想上和干部上的重要准备。“以五四爱国运动为起点，马克思列宁主义在中国大地上以波澜壮阔的规模广泛传播，形成气势磅礴的思想主流。”

07 “开天辟地的大事变”

随着李大钊等一批“中国的盗火者”将马克思主义和十月革命的火种“偷盗”到中国，特别是“经历了伟大的五四运动，已经有那么多先进分子奔集到马克思主义的旗帜下，树立起新的理想和信念；而祖国和人民的危急处境又驱使他们要求尽快把志同道合的人集合起来，投入改造中国社会的实际行动。于是，中国共产党的建立到了瓜熟蒂落、水到渠成的时候”。

毫无疑问，最早酝酿在中国建立共产党的是李大钊和陈独秀。正所谓“南陈北李，相约建党”。

五四运动后，性格倔强的陈独秀在《每周评论》上发表了一篇题为《研究室与监狱》的随感录。文中称："世界文明发源地有二：一是科学实验室，一是监狱。我们青年要立志出了研究室就入监狱，出了监狱就入研究室，这才是人生最高尚优美的生活。"

在此期间，他又和李大钊一起起草了《北京市民宣言》，要求政府取消中日密约，不抛弃山东经济权利；将徐树藩、曹汝霖等6人免职；取消步军统领及警备司令；给予市民集会、言论自由权，并警告如不答应要求，将采取行动。《北京市民宣言》起草印发后，两位北大著名教授又亲自到北京街头秘密散发传单。6月11日，"白帽西服"的陈独秀在北京街头散发《北京市民宣言》时被捕入狱。

得知陈独秀被捕的消息后，李大钊万分焦急，当夜就找来北京大学学生罗章龙等人商量对策，要他们以北京学生的名义发电报给上海学生，把陈独秀被捕的消息传出去，动员舆论进行营救。6月13日，当陈独秀被捕的消息在北京《晨报》、上海《申报》等报纸上披露后，很快全国各地报纸纷纷转载，一时间，天下舆论汹汹，各地抗议的电报纷至沓来，矛头直指北洋政府。

当时，已经从北大回到湖南开展革命的毛泽东也在报刊上发表文章，称陈独秀为“思想界的明星”，呼吁释放陈独秀。

在全国的抗议声浪中，9月16日，陈独秀由安徽同乡作保，走出了监狱。

陈独秀出狱后，李大钊、刘半农、胡适、沈尹默等同人在《新青年》发表白话新诗，欢迎他的出狱。李大钊在《欢迎独秀出狱》中写道：

你今出狱了，
我们很欢喜！
他们的强权和威力，
终竟战不胜真理。
什么监狱什么死，
都不能屈服了你；
因为你拥护真理，
所以真理拥护你。

你今出狱了，

我们很欢喜!
相别才有几十日,
这里有了许多更易;
从前我们的“只眼”忽然丧失,
如今“只眼”的光明复启,
却不见了你和我们首创的报纸!
可是你不必感慨,
不必叹惜,
我们现在有了很多的化身,
同时奋起;
好像花草的种子,
被风吹散在遍地。
……

李大钊说的是对的。这些年，由于他们不遗余力地传播马克思主义，特别是经过五四爱国运动，一大批先进分子先后走上了革命道路，已经或正在成为马克思主义者，可谓是“好像花草的种子，被风吹散在遍地”。“就在陈独秀出狱的那天——9 月 16 日，天津的 10 位男青年和 10 位女青年组织了一个崭新的团体，取名‘觉悟社’，出版刊物《觉悟》。觉悟社的领导人，是一位21岁的小伙子，名唤周恩来。”

但是，出狱后的陈独秀并没有获得完全自由。因为，按照法律规定，出狱后他的行踪仍旧受到警察署的严密监视。所以，当1920年2月2日陈独秀没事先报告就悄然离京前往上海再取道武汉去作学术讲演后，京师警察厅发现后准备再次将他拘捕。

2月8日晚，陈独秀乘火车北上，返回北京。获悉警察将再次逮捕陈独秀后，李大钊焦急万分，赶紧派学生到火车站将陈独秀“劫持”到安全的地方与他见面。

这以后，陈独秀在上海、李大钊在北京，也即“南陈”与“北李”一南一北各自进行建党的准备工作。

1920年3月，李大钊在北大秘密重建马克思学说研究会，学校拨出两间房子，给研究会使用。李大钊与会员商议，将这里命名为“亢慕义斋”（“亢慕义”是英文communism即共产主义的音

译）。“亢慕义斋”从此成了马克思学说研究会的代名词。经过一系列准备，北京的共产党早期组织于1920年10月在北大图书馆李大钊的办公室里正式成立，当时取名为“共产党小组”。党组织的最初成员只有李大钊、张申府、张国焘3人。

5月，陈独秀在上海秘密建立马克思主义研究会。6月，他同会员商议，决定以马克思主义研究会为基础，成立共产党组织，并初步定名为社会共产党，还起草了党的纲领。据张申府回忆，1920年8月上海共产党成立前后，陈独秀曾给李大钊、张申府写信，介绍上海建党情况，并与他们商量，党组织是叫“社会党”好，还是叫“共产党”好。李大钊认为，俄国社会民主党已经改称“共产党”了，其他一些原叫“社会党”的也已经或准备叫“共产党”，所以还是叫“共产党”好，而且共产国际代表维经斯基的意见也是如此。因此，张申府复信陈独秀，党的名称叫“共产党”。

12月，李大钊在北大发起成立社会主义研究会，同时，通过与梁启超、张东荪等人开展关于社会主义是否适合中国国情的论战，提高了北京早期共产党人和先进分子的思想觉悟和理论水平。

到 1921 年 3 月，李大钊已经对建党提出了明确的主张，并公开号召为迅速组织中国共产主义者的政党而斗争。他在《曙光》杂志第 2 卷第 2 号上发表《团体的训练和革新的事业》，公开呼吁创建中国共产党，指出中国“彻底大改革”的事业，“要靠民众的势力去完成”，而民众要靠团体去组织训练。“所以我们现在要急急组织一个团体，这个团体不是政客组织的政党，也不是中产阶级的民主党，乃是平民的劳动家的政党，即是社会主义团体。”

在陈独秀、李大钊的推动下，武汉、长沙、广州、济南等地相继建立了党的早期组织。几乎同时，蔡和森在法国写信给毛泽东，信里讲，现在我们需要的是建立一个党，就是共产党。“这个事实说明：在中国建立共产党不是偶然的、不是少数几个人的想法，也不是只靠外来的因素造成的，而是许多中国的先进分子当时的共同要求，是客观的局势发展到这一步的产物，是有历史必然性的。”

在李大钊与陈独秀“相约建党”的过程中，

曾得到当时的共产国际与苏俄的暗中支持与帮助。1920 年四五月间，就在中国国内紧锣密鼓地开始酝酿创建中国共产党之际，列宁领导的共产国际派代表维经斯基、马迈耶夫和翻译杨明斋来到北京，通过北大俄籍教授鲍立维（张太雷任翻译陪同谈话）共同分析了中国革命的形势，讨论了有关工人运动和建立中国共产党的问题。维经斯基在与李大钊的谈话中明确表示：“中国应有一个像俄国共产党那样的组织。”李大钊对此表示认同。

这是俄共（布）使者与中国共产主义运动领袖人物李大钊的第一次正式接触。当时，31 岁的李大钊比维经斯基大 4 岁。

会谈之后，李大钊介绍维经斯基一行去上海和陈独秀会见，李大钊则在北京继续积极开展建党的准备工作。

1983 年 4 月，法国巴黎出版了《彭述之回忆录》的法文版第一卷，同年香港《争鸣》月刊 6 月号刊登了程映湘翻译的《彭述之回忆录》中的一节《共产国际第一位来华代表》。

彭述之曾是中共早期领导人之一，后加入托

派，1929 年被开除党籍，1948 年年末离开上海到香港，以后长期旅居法国等地。据他回忆说，1924 年，他以中共中央代表的身份和李大钊一同出席共产国际第五次代表大会。会议期间，李大钊向其详细讲述了中国共产党建党伊始的经过。

“那是 1920 年年初时节，我同往常一样，正在北京大学的办公室里工作，突然有人敲门。我说：‘请进来！’他说：‘我就是鲍（波）立维先生向您提起的俄国人，我名叫荷荷诺夫金，李大钊同志，我向您致敬……’这位俄人是共产党党员，他竟把我也当做一个共产党人来看待！好一个突击技术！我马上表示抗议：‘哦！不敢当，我不敢自称是你们的同志，至少目前还不是呢！’可是，我这位客人反驳道：‘好了，好了！不必客气啦！我们早就知道您是一位真诚的马克思主义者，您已经在中国传播马克思主义思想，对布尔什维克革命的胜利，您又是多么热烈欢呼，怎么能叫我们不把您当作自己人呢？’”

“他说是受到在伊尔库斯克第三国际远东局的委托前来同我联系的，目的是在中国创立一个共产党。我从来没有过这样的设想，心绪顿时被搅动了。他提出的问题，我必须有点时间来思考一下，我即将这个意思告诉他，并向他说明反正我不是他心目中的适当人物。”

“他表示很不同意我的看法，像个雄辩家似的，大发议论道：‘据我所知，自从五四以来，在中国出现了许多刊物，长篇大论地研讨社会主义，有些刊物已经明目张胆地挂起社会主义的招牌，您呢，您是五四领袖中的佼佼者，不但公开赞扬俄国革命胜利，而且还毫不迟疑地接受了马克思主义，在这样的情形下，难道不该是在中国成立共产党的时机吗？难道您不是发动这一事业最可胜任的人吗！李大钊同志，没有共产党，社会主义只是一句空话！’”

“荷荷诺夫金的话打动了我的心，我感觉到他说得有理，但是他提到的这件事情太严重了，我不能单独地解决，于是我这样答复他：‘在中国惟一有魄力发动创立共产党这一壮举的人物是陈独秀。陈独秀是一位社会主义者，或者更确切地说，他是倾向社会主义的。然而，我晓得他同我一样，还从来没有起过组织什么政党的念头，可惜他已离开北京去上海了，因此我只能用通信方式同他商讨您代表共产国际向我们提出的建议。这是需要一些时日的，您是否可以延长在北京的居留时间，以便让我们作出一个决定？一有着落，我会马上通知您。’”

“荷荷诺夫金叫我放心，他有耐心等待我们的答复，我就立即去信给独秀，起初，独秀的反应也是慎重的，表示要好好考虑一下，然后才决定是否‘下水’。不久，他的犹疑渐渐地消散了，我们一致认为对于共产国际的建议再也没有什么严肃的理由加以推却了。我一收到他肯定的答复，立即告知荷荷诺夫金，他欣喜极了，急忙赶回伊尔库斯克，成为陈独秀和我俩人接受共产国际建议这个佳讯的传递者。不多日，我在京见到另一位第三国际代表伍廷康（即维经斯基）同志，我催促他即速启程去上海……”

1920 年 4 月，鲍立维介绍李大钊会见俄共（布）中央远东局海参崴分局负责人维连斯基派遣的全权代表维经斯基，还有他的夫人库次涅佐娃，秘书马迈耶夫夫妇，翻译杨明斋等。会见的地点是北京大学图书馆。

“多种史料表明，1921 年 3 月中国各地的共产党组织曾在上海召开过代表会议，陈独秀、李大钊出席了会议。这次会议在中国共产党的历史上少有提及，但会议对中国共产党的发展影响深远。”

如当时张太雷在《致共产国际第三次代表大会——中国共产党代表张太雷的报告》中说：“中国最初的共产主义支部，是于 1920 年 5 月在上海和北京组织起来的。其后，在中国的其他一些地区，相继出现了一系列支部，但是直到 1921 年，还没有一个统一的共产主义组织……我们认为，1921 年 3 月召开的由各个组织代表参加的会议是必要的。当时以会议的名义发表了关于我们的目标和原则的共同声明。这次会议还制定了临时纲领……”

1929 年，瞿秋白在其《中国共产党历史概论》中说：“1921 年 3 月的第一次大会是肃清无政府党的大会。”

1921 年 6 月 3 日，马林以共产国际殖民地事务委员会秘书的身份和赤色职工国际代表尼科尔斯基被派到中国。两人到达北京后，通过维经斯基的关系找到李大钊，提议应召开中国共产党全国代表大会，得到李大钊的赞同。当时，李大钊因事务缠身，便派张国焘陪同马林和尼科尔斯基赴沪。

1921 年 7 月 23 日晚，中国共产党第一次全国代表大会在上海法租界望志路 106 号（今兴业路 76 号）正式开幕。出席者有上海的李汉俊、李达，北京的张国焘、刘仁静，长沙的毛泽东、何叔衡，武汉的董必武、陈潭秋，济南的王尽美、邓恩铭，广州的陈公博，留日学生周佛海以及陈独秀委派的包惠僧。

然而，中国共产党的两位重要创始人“南陈北李”没有出席这次会议。

陈独秀无法出席“一大”的原因，据说是因为他担任广东教育委员会委员长职务，公务繁忙。

那么，李大钊为何未能出席党的成立大会呢？史学界有 3 种说法：一说李大钊当时是北大教授并兼任北大图书馆主任，正值北大学年结束，校务繁忙，无法抽身；二说在此期间，他正忙于筹备并出席在南京召开的“少年中国学会”的年会；三说李大钊正参与领导索薪斗争。

7月30日晚，一大举行第六次会议，原定议题是通过党的纲领和决议，选举中央机构。会议刚开始几分钟，一个穿灰布长衫的中年男子突然闯入，具有丰富秘密工作经验的马林警觉地说这人一定是“包打听”，也就是密探，建议立即停会，大家分头离开。

因为考虑到再在上海开会已经不安全了，于是经过商定，后期会议由上海转移到浙江嘉兴南湖的一艘游船上举行。

就这样，中国共产党最早在“北大的红楼”里孕育，最终在浙江“嘉兴的红船”里诞生了。

中国共产党的诞生意味着一个新的革命火种在沉沉黑夜中点燃了。从此，在古老落后的中国出现了完全新式的、以马克思列宁主义为行动指南的、以实现社会主义和共产主义为奋斗目标的统一的无产阶级政党。毛泽东后来说：“中国产生了共产党，这是开天辟地的大事变。”

如今，这句话被镌刻在嘉兴革命纪念馆的入口处，昭示着这一燎原星火的起点。

08 国共合作的“助产士”

中国共产党成立以后，一度把注意力与工作重心放在壮大党的组织以及关注工人、重视和领导工人运动上面。但从 1922 年开始，工作的重心逐渐转移到了开展国共合作方面。

第一次国共合作，是中国共产党历史和中国革命史中的一个重大事件，这次合作既有成功的经验，又有失败的教训；既有意想不到的重要收获，也有始料未及的惨重损失。而无论是经验还是教训，都为后来中国共产党独立领导中国革命乃至最终取得革命胜利提供了宝贵经验。

最先竭力倡导国共合作的人是马林，是列宁；而在中国，最先响应这一号召，竭力促成国共合作的先行者是孙中山，是李大钊。

1921 年的 6 月 3 日，共产国际殖民地事务委员会秘书马林被派到中国，与共产国际远东书记处代表尼科尔斯基一起，参加中国共产党第一次全国代表大会的筹备工作。

马林的口才在当时的中国共产党人中间是出了名的，在中国共产党第一次代表大会召开期间，马林不仅亲自参加还在会上一口气作了将近 4 个小时的发言。一大代表们普遍对他印象不错。毛泽东说他“精力充沛，富有口才”；包惠僧说他“口若悬河，有纵横捭阖的辩才”。

但是，对于年轻的中国共产党，马林颇有些“看不起”。在给共产国际的报告中，他说中国共产党是一些“不懂马克思主义，缺乏社会主义实践”“倾向社会主义的学生”，他们“从来不曾同工人阶级有过密切的联系”。因此，共产国际一开始不断地“拉郎配”，最初，“设在伊尔库茨克的共产国际远东书记处看中吴佩孚，希望中国共产党与吴佩孚建立合作关系”。“维经斯基则与陈炯明‘长谈三次’，又倾向于与陈炯明合作。”

经过深入调查、了解后，马林觉得吴佩孚、陈炯明都不可靠。于是，1921 年 12 月 23 日李大钊委托林伯渠介绍，使得马林在桂林第一次会见了孙中山。马林在孙中山的大本营里住了 9 天，对国民党进行了仔细考察。马、孙进行了 3 次深入交谈，讨论了有关中国革命和中俄结盟等问题。马林向孙中山提了 3 条建议：第一，中国革命应由一个联系各阶级，特别是联系工农群众的党领导，因此，必须改组国民党，广泛联合工农大众；第二，要办军官学校，建立革命军队；第三，与中国共产党合作。

孙中山显然深有同感，基本上被马林说动了。当时，他在给廖仲恺的电报中说："见过马林，心上十分高兴。"这 3 条建议后来成了孙中山"联俄、联共、扶助农工"三大政策的起源。

离开桂林后，马林来到北京，与李大钊等人多次交换意见，讨论关于联合帮助国民党的问题，并取得了李大钊等人的同意。随后，马林写报告给共产国际执委会，主张中国共产党应与孙中山合作。

在看了马林的报告后，1922 年 1 月，在远东各国共产党及民族革命团体第一次代表大会召开期间，列宁亲自接见了由张国焘（共产党代表）、张秋白（孙中山指派的国民党代表）、邓培（铁路工人）组成的代表团。列宁问张秋白和张国焘："中国国民党和中国共产党是否可以合作？"张秋白回答："国共两党一定可以很好地合作！"张国焘也作了肯定的回答，并表示："在两党合作的过程中可能发生若干困难，不过这些困难相信是可以克服的。"

当时，列宁听了很满意。

3 月，马林在上海向中共中央提出共产党员和共青团员加入国民党，以党内合作形式建立革命统一战线的建议，并要中共中央迁往广州，遭到陈独秀的断然拒绝，气得马林在给共产国际的一封信中把中共说成"早产儿"。

张国焘从莫斯科回来向陈独秀汇报远东劳苦人民代表大会和列宁接见情况后，他的态度开始转变，表示共产国际、世界革命和苏俄是不可分割的，须相依为命，互为声援，共同发展；目前中国革命不是什么工人阶级反对资产阶级，只是反对帝国主义侵略和反对军阀。环顾全国，眼下除国民党可以勉强说得上革命外，并无可观的革命势力。故此，对列宁提议的国共合作，陈独秀“深表同意”。

6月15日，陈独秀起草并以中共中央名义发表《中国共产党对于时局的主张》，指出：“中国共产党是无产阶级的前锋队，为无产阶级奋斗为无产阶级革命的党。”并认为，“中国现有的各政党，只有国民党比较是革命的民主派，比较是真的民主派”。提议邀请国民党等革命民主派及革命的社会主义各团体开一个联席会议，采取“党外合作”的形式，“建立一个民主主义的联合战线，共同反对列强和封建军阀的双重压迫”。

李大钊当即表示拥护中共中央的方针，并向有关人士传达了这一文件。

党的二大前夕，李大钊与邓中夏、黄日葵等曾联名向少年中国学会第三次年会提出《为革命的德谟克拉西（民主主义）》的提案，提出希望任何主义者都应该抛弃一切武断的成见，“共同认定统一联合战线”，号召联合战线的各种社会力量，“向保护督军制和国际资本主义的政治权力举行斗争”。

7月16日至23日，党的二大在上海召开，李大钊原定是要去参加会议的，“但卒因事未能赶到”。这次会议制定了反帝反封建的民主革命纲领，通过了“关于民主联合战线的决议案”，这是中共首次正式提出同资产阶级民主派——以孙中山为代表的国民党为主要对象建立联合战线的政策主张。

对国共联合问题，在国民党内部也有不同意见。

在孙中山看来，中国国民党毕竟执掌过全国政权，被视为当时中国最大的政党，而中国共产党仅是一个对社会主义感兴趣的小集团或派别，对中国的政治生活不起大作用。因此，要国共在一起平起平坐，孙中山当然不愿意，国共对等合作更不可能，孙中山认为，唯一的条件或筹码就是共产党员以个人身份加入国民党，成为国民党员。

对于孙中山的这些较为苛刻的合作条件，当时，在中国共产党内部意见分歧较大。为了统一党内的思想认识，马林建议召开一次中国共产党中央委员会全体会议，尽快讨论推进国共合作。陈独秀同意了。

于是，1922年8月29日、30日，在杭州西湖召开了中国共产党中央全会，亦即“西湖会议”。会议集中讨论共产党员加入国民党的问题。参加这次会议的有李大钊、陈独秀、蔡和森、张国焘、高君宇和张太雷等人，马林也参加了这次会议。

会上，马林根据共产国际的指示，建议中国共产党党员以个人身份加入国民党，实现国共合作。张国焘言辞激烈，强烈反对，认为国民党是一个资产阶级政党，中共加入进去，无异与资产阶级相混合，会丧失它的独立性。陈独秀和蔡和森也认为“党内联合混合了阶级组织和牵制了我们的独立政策”。但李大钊坚决服从共产国际的指示，主张共产党员参加到国民党中去，要实现联合战线，加入到国民党中去才是行得通的办法。

经过反复讨论，会议最终通过了共产党员以个人身份加入国民党的决定。同时同意陈独秀的提议，要求国民党实行改组，取消入党时要打手印、要宣誓服从领袖等封建会党的做法，改行民主主义的原则。

会后，根据党的决定，李大钊去见孙中山。他们讨论了“振兴国民党以振兴中国之问题”，讨论了共产党员加入国民党的问题。当李大钊说明自己是中共党员，而中共党员也就是第三国际党员时，孙中山表示：你们尽管一面做第三国际党员，一面加入本党帮助我。李大钊根据党的指示，同意了这个提议，会谈结果十分圆满。于是，李大钊等人随即由张继介绍，由孙中山亲自主盟，正式加入了国民党。

9 月中旬，李大钊从上海绕道洛阳会见吴佩孚后回到北京。按照党中央的指示，李大钊曾想在联合孙中山的同时，争取吴佩孚，利用当时有利的政治环境，发展北方工人运动并扩大中共的宣传。11 月，俄国十月革命胜利 5 周年，李大钊发表《十月革命与中国人民》一文，进一步阐明了中共关于建立统一战线的主张，号召中国人民“应该赶快的不踌躇的联络一个民主的联合阵线！建设一个人民的政府”。

1923 年 1 月，苏俄政府派来中国的特使越飞，经过李大钊、林伯渠的联络介绍，从北京来到上海，会见了孙中山。孙中山与越飞相见之下，“极为喜悦”，当即开始了会谈，李大钊、林伯渠参加，一连谈了 6 天，进一步商讨了以俄为师改组国民党、建军以及苏联援助中国革命等问题，并于 1 月 26 日发表《孙文越飞联合宣言》，震惊了国内外。经过频繁接触和会谈，李大钊与孙中山建立了真挚的革命友谊，成为孙中山全家特别欢迎的客人。孙中山特别钦佩和尊敬李大钊，他在见到这样的客人后常常说，这些人是他真正的革命同志。而李大钊对孙中山也同样尊重，称孙中山为“我们革命的先锋”“中国革命的老祖”。

6 月，李大钊出席了在广州召开的党的第三次全国代表大会。这次大会的中心议题仍然是讨论如何同以孙中山为代表的国民党合作，实现革命的统一战线。毛泽东出席了这次大会。在会上，毛泽东和李大钊都坚决主张共产党员一面要参加到国民党中去组成和壮大革命统一战线，一面要保持共产党的独立性。由于他们坚持了正确的主张，两人都被选为第三届中央委员。

张国焘虽然是第一、第二届的中央委员，这次却落选了。这次大会，正确地估计了孙中山这种民主主义的立场，根据共产国际的指示，郑重地通过了关于国民运动及国民党问题的决议。议决“中国共产党须与中国国民党合作，共产党员应加入国民党”，“但仍保存我们的组织，并须努力从各工人团体中，从国民党左派中吸收具有阶级觉悟的革命分子，渐渐扩大我们的组织”。这样就更加明确了我党建立革命统一战线的方针。

党的三大期间，孙中山又特地邀请李大钊与他在广州会面。他们商讨了广东革命政府的外交政策问题。

1923 年秋，鲍罗廷由苏联政府派来中国，应孙中山之聘为政治顾问。他也是先到北京与李大钊联系。李大钊就此召集北京地委的负责同志和他一起讨论国共合作事宜。他说：“今天革命事业中的客观形势，是需要发动反帝反封建的民主革命，这种革命任务不是现在那样的国民党所担当得了的，必须要加上新的血液，就是无产阶级革命的力量。不过，如果由共产党来担当这个使命，恐怕为时尚早；因此建立两党的联合战线就成为必要的和适时的了。但是国民党的缺点很多，无组织无纪律无群众是显而易见的，如果孙中山有决心有把握把国民党大大地改组一下，确定它的政策方针，还是大有可为的；如果不这样，仅就国民党的现状来谈国共两党的合作，那就不成了。只要国民党有改造的可能，孙中山有改造国民党的决心，国共两党建立联合战线是有可能的。”

“孙越宣言”发表和中共三大召开后，国共合作和国民党的改组工作进行顺利。11 月，国民党正式发表改组宣言。接着又采取了重大的组织措施，宣布要在全国重新登记党员，成立临时中央委员会，指定专人积极筹备召开国民党第一次代表大会。

1924 年 1 月 20 日，国民党第一次全国代表大会在广州正式召开，孙中山指定李大钊为北京的代表。据孙中山的卫士范良回忆说：“李大钊到广州后，住在孙中山先生的大元帅的官舍”，“我当时看到他们会晤频繁，为国共合作，携手革命而操心”。

李大钊自参加党的三大回到北京后，积极贯

彻党的决议，一面说服党员，统一党内思想；一面打出国民党的旗帜，建立起国民党的组织，吸收许多青年加入国民党。1923 年年底李大钊去广州经上海时，中共中央委派他组成一个指导小组，领导出席国民党一大期间党的工作。

李大钊到广州后，孙中山立即让他和廖仲恺参加了改组国民党的重要工作。大会期间，李大钊是主席团的 5 个成员之一，和孙中山一起主持了整个会议的进行。同时，他还担任了大会的许多重要职务，会上所设立的全部 4 个委员会中，他担任了 3 个委员会的委员，是大会兼职最多的一个。尤其是大会上通过的宣言和党章，经过李大钊等共产党的努力，国民党表现出了巨大的进步。

但在讨论党章时，几个国民党右派分子跳了出来，反对党内有党，反对共产党员跨党，提出要增加一条“本党党员不得加入他党”的规定。还污蔑共产党员加入国民党是一种“阴谋”。

因此，李大钊发表严正声明，指出：“我们之加入本党，是为有所贡献于本党以贡献于国民革命的事业而来的”，“我们加入本党的时候，自己先从理论上事实上作过详密的研究。本党总理孙先生亦曾允许我们仍跨第三国际在中国的组织。所以我们来参加本党而兼跨固有的党籍，是光明正大的行为，不是阴谋鬼祟的举动。”

李大钊的声明，义正词严，合情合理，批驳了国民党右派分子的反动论调，清除了一部分人的疑虑。绝大多数代表都支持李大钊的声明。最后，大会通过实行三大政策的宣言和党章，选举了共产党人李大钊、谭平山、于树德为正式委员，毛泽东、张国焘、瞿秋白等为候补委员，参加国民党的中委执行委员会。这样，终于实现了第一次国共合作，建成了革命统一战线。

从 1922 年 8 月至 1924 年年初，为了建立革命的统一战线，李大钊不辞劳苦，频繁奔走于大江南北。他四跨长江，三赴上海，二下广州，不仅参与了党的国共合作政策的制定，而且帮助孙中山改组国民党，直接促成了国共两党的第一次合作，所以，他不仅是国共合作的先行者，而且是国共合作的“助产士”。

09 “无情未必真豪杰”

古人说：“贵易交，富易妻”，意思是说，一个人地位高了，多半就要更换朋友，钱财多了，就要另娶妻子。在民国这个乱世，许多达官贵人都是这样，但李大钊在这方面显得颇为“另类”。在爱情方面，他完全就是一个“民国版的宋弘”，真真正正做到了“贫贱之交不可忘，糟糠之妻不下堂”。

李大钊是“童子婚”。那年，他还只有虚岁11岁，正在读私塾，尚需别人照料，他的祖父就为他早早娶妻完婚。而之所以会这样，也许是由于其祖父考虑自己的老伴身体不好，且“为人憨傻，心地又狭窄”，家中缺少帮手，而自己已年过七旬，来日无多，还是应该早为孙子完婚的缘故。

当时，李大钊娶的新娘子名叫赵纫兰，足足比他大了6岁。也就是说，当李大钊还是一个少不更事的儿童时，他的新娘子已经是一个情窦初开年方17岁的花样少女了。

赵纫兰出生在大黑坨村的一个富裕之家——“福臻堂”。其父赵文隆也即“福臻堂”的主人因多年经商，置下不菲家业。中年娶小黑坨盛氏姑娘为妻，生下长女即赵纫兰，乳名小翠。小纫兰从小就聪明美丽，又乖巧懂事，深受父母疼爱。因为赵家曾办过家塾，赵纫兰儿时跟着长兄耳濡目染也识得一些文字，所以，并不是一个目不识丁的农村妇女。

一嫁到李家，端庄贤惠的赵纫兰就立即挑起生活的重担，每天，她不仅要起早贪黑地料理家务，侍奉年迈的爷爷奶奶，照顾他们安享晚年，还要像大姐姐甚至母亲般地服侍自己的“小丈夫”，送他上私塾。所以，少年时的李大钊因为从小失去父母，不自觉地一直对比自己大6岁的妻子赵纫兰有着姐姐或母亲一般的依恋。

1905年秋天，李大钊参加科举考试，因清政府停办科举、兴办新学，考入了永平府中学堂。这对于李家来说，无疑是一件光宗耀祖的大喜事。但在欣喜之余，赵纫兰还得想办法为丈夫筹措学费。因为那时候，爷爷李如珍已经年近八旬，家里只剩下赵纫兰苦心经营，养家糊口。

1907 年，李大钊考入天津北洋法政专门学堂。在法政学堂就读费用是较高的，每月学费 3 元，膳费 5 元，此外操衣（体育课和做操时用的统一服装）、纸笔及其他零用钱概归自备，算起来，一年至少 120 元。李大钊读中学时，家中负担膳宿费已很吃力。在他考入法政学堂前后，祖父不幸去世，家中剩余的一点积蓄大半被老人的女儿、女婿“‘踢荡’干净了”，上学的费用完全成了问题。这种时候，多亏妻子赵纫兰想方设法，典当挪借，才使李大钊不致辍学。所以，后来在《狱中自述》中，李大钊回忆：“我家贫，只有薄田数十亩，学费所需，皆赖内人辛苦经营，典当挪借，始得勉强卒业。”

1913 年冬天，李大钊在天津北洋法政专门学堂毕业后要去日本留学，赵纫兰尽管不知道日本有多远，丈夫这一去不知道多久才能回来，但温柔贤惠深明大义的她还是全力支持李大钊，帮助李大钊筹措留学费用。

不过，虽说妻子贤惠，但是，李大钊也很重情，对自己的这位乡下妻子始终爱心依旧，忠贞不二，从来没有背叛过自己的妻子。这在当年“民国名流多风流”的时代，堪称异类。

确实，以李大钊的一表人才以及他的才华横溢，在外面难免会受到许多诱惑，但他始终严守自己“不嫖、不赌、不娶妾”的信条。

诚如我们所知道的，李大钊之所以能够去日本公派留学，很大程度上应该归功于汤化龙和孙洪伊这两位贵人相助。

汤化龙是湖北蕲水人，曾留学日本，1909 年担任湖北咨议局议长，参与组织过宪友会；武昌起义后，担任湖北军政府政事部部长，后与梁启超等人组织民主党和进步党，后来在中华民国第一届国会上又当选为众议院议长。

在李大钊到达日本后不久，汤化龙让自己的妻子带着女儿和未满 11 岁的儿子佩松来到东京，住到离早稻田大学七八里远的郊区。在这之前，汤化龙特地请求李大钊，要他关照自己儿子的学习。安顿下来之后，汤母送佩松上了目白中学，并打发女儿陪着佩松去见李大钊。这以后，李大钊时常与这一家人打交道，而汤佩松和他的姐姐就更是与李大钊经常在一起交往。说来，李大钊真是一个正人君子，这期间，他竟没有对小佩松那位正值青春年少的姐姐产生过一丝非分之想，两人间更没有产生过哪怕一点点绯闻！

也许，最能说明问题的还是他与秦德君之间纯真的友谊。

熟悉民国历史的人多半都知道，秦德君绝对称得上是民国的一位“奇女子”，或曰“超级女生”。当年，她曾先后与 5 个男人结婚，第一任穆剂波；第二任刘伯坚；第三任茅盾；第四任王心卫；第五任郭春涛。这 5 个男人，可以说没有一个是平庸之辈。

秦德君于 1905 年 8 月出生在四川忠州的一个破落家庭。13 岁时考入成都的四川省立女子实业学校。入学的第二年五四运动爆发后，女子实业学校的学生们积极响应，声援北平的爱国学生，在声援运动中成立了四川学生联合会。秦德君就是其中的骨干成员。她以“秦文骏”为笔名在学生联合会主办的报章上发表文章，批判旧礼教，呼吁男女平等，抵制日货，还参加演剧活动，剪掉辫子，留短发。她的这些反叛活动，遭到守旧势力的打击，被学校开除了学籍。于是她决定到重庆找“全川自治会”负责人吴玉章，想请他帮助自己到俄国去。

1920 年年初，秦德君女扮男装来到重庆。吴玉章给她 100 块大洋，推荐她到北平找李大钊，帮助她去俄国。到北平后，李大钊告诉她，前一批去苏俄的骆宾基等人被反动军阀扣押在哈尔滨。现在没法出国。这样，她便恢复女装，在李大钊手下当勤务员，为“少年中国学会”做些事务性工作。李大钊像对待自己的女儿那样呵护她、爱护她。尽管他日理万机，工作繁重，还经常抽出时间关照她。

1922 年的一天，李大钊等人到上海办事，带秦德君到上海，安置她到闸北的袜厂学习织袜技艺。经过一段时间的培训后，她到平民女校工作部当师傅，教授学员织袜技术。秦德君住在平民女校二楼的一个亭子间里，作为地下党的一个活动站。李大钊、陈愚生等人来上海时，经常带着人来她住的这个亭子间开会，秦德君在楼下为他们放哨。

第二年，李大钊途经上海，到杭州西湖主持“少年中国学会”第二次会议。他特意来看望秦德君。临行时，秦德君到火车站为李大钊等人送行。她将李大钊等人送上车厢，像为亲人送行一样，久久不愿离去。在火车开始启动时，她还没来得及下车，就想跳下火车。李大钊急忙拉住她，为她补了车票，带她到了杭州。西湖会议结束后，李大钊回北平时，特意将秦德君交给邓中夏，委托他帮助秦德君到南京读大学。

可以说，在与秦德君的交往中，只要他稍微有点“意思”，两人“郎情妾意”就很容易擦出“爱情的火花”，但是，值得称道也令人肃然起敬的是，当年，有许多很有身份的男子在见到秦德君这位美丽多情的女子后都难免心猿意马，想入非非，乃至堕入情网，由此生出一段风流佳话，但是，唯独李大钊对这位比自己小 16 岁的“民国奇女子”心如止水，虽然一直对她很关心、很爱护，但他从不才子风流，贪恋美色，更不乘人之危，始乱终弃。

虽然早年在外闯荡，与妻子和孩子一直聚少离多，但李大钊对他们一直十分牵挂。1917年，赵纫兰在老家生了一场大病，李大钊得知后立即赶回家陪伴和照料重病的妻子，直到赵纫兰完全康复后才回到北京。1918年，李大钊受北大校长蔡元培之聘任职北大图书馆主任，生活有了转机，于是，他立即把妻子和孩子们接到北京居住，从此一家人其乐融融生活在一起。因为担心赵纫兰想念老家，李大钊尽量把北京的家布置得同老家一样，还特意为赵纫兰打了一个土炕，方便她做家务。每逢家里有客人来，其中不乏文化名流，他总是热情大方地向客人介绍自己的从乡下来看上去有些土气的妻子，还时常帮妻子整理仪容，关心体贴。当时的李大钊刚过30，正是事业有成风华正茂的时候，而赵纫兰却已年近不惑，容颜渐渐衰老，但李大钊始终对她不离不弃，这让赵纫兰十分感动，也令看到这一切的客人们感动不已，传为佳话。

“无情未必真豪杰，怜子如何不丈夫？”对待自己的孩子，李大钊也都十分疼爱，可谓父爱如山。据女儿李星华回忆：父亲从未打过我们，有时他下班回家，教我们说家乡的民谚、唱歌等。我爱向父亲发问许多无意识的问题，无论他怎样忙，对于我的愚问，总是很感兴趣地耐心地讲给我听。

有一年夏天，李大钊从北京回河北老家歇暑假，给孩子们每人买回一包礼物——笔、墨和方格字帖。孩子们很是高兴，立即研墨展帖，端端正正坐在八仙桌前写了起来。李星华是生平第一次临帖写大字，所以她左临一张，看看不像，右临一张，看看还是不像，气得她放下笔，躲到后院里偷偷地抹眼泪。

这时李大钊和妻子发现星华在哭，但不知道她为什么哭。妻子正要张口问星华，却被李大钊拦住了。他说：“女孩子的心理是很难揣摸的，你要是问她为什么哭，她不会告诉你的，所以不要硬逼着问她。”妻子莫名其妙。李大钊这时就解释说：“我记得在一本什么书上看过：一个很可爱的小女孩，一不留神，用小刀划破了自己的手指，这个小女孩立即把伤口包了起来，生怕别人包括自己的爸爸妈妈发现，直到伤口长好了才给人看。你说这是一种什么心理呢？这就是女孩的一种自尊心和好胜心，你明白了吗？”妻子这才恍然大悟。

过了一会儿，李大钊把小星华叫来，一同走到八仙桌前，指着星华写的字帖微笑着说：“你的字写得很好，有点像魏碑帖上的。因为这是你第一次临帖，写得还不大整齐。笔画有的地方粗，有的地方细；字有的个儿大，有的个儿小。要是天天耐心练习，必然会写好的。你看，你哥哥写得也不整齐呀，但是他不着急，沉得住气，只有这样，将来才会把它慢慢地写好。”

还有一则故事，说是有一年的冬天，大雪纷纷扬扬下个不停，院子里像铺了一层厚厚的棉絮。李大钊对儿子和女儿们说：“雪下得多大啊，你们快拿着扫帚到院子里去扫雪吧。要是高兴的话，堆个大雪人也好。”孩子们的外祖母心疼小外孙：“天这么冷，你还叫孩子们去扫雪，要是冻病了可怎样办？”

李大钊笑着说：“孩子应当从小养成吃苦的习惯，免得长大了什么也不会做。身体经常活动，也会增强抵抗力。待在家里不动弹，就更怕冷了。”说完，他和孩子们拿起簸箕与扫帚，走到院子里。他一面扫雪，一面对孩子们说：“将来谁也不能当寄生虫，谁要是不劳动，谁就没有饭吃！”孩子们边扫雪，边听父亲讲新奇的故事，一点也不觉得冷，反而越扫越有劲。

对家人，李大钊满怀情爱，对朋友，他也一直都很重情重义。

李大钊一直被认为是青年的挚友和导师。他慈爱可亲，没有教授架子，他的办公室、住所是青年们最喜欢去的地方。学生们从李大钊那里吸收到了精神营养，并在他的教导下迅速成长起来。北京大学学生章廷谦曾把李大钊比作母鸡，说：“只要他咕咕地一叫，我们这些小鸡就会来到他的身边，领受他的爱抚，领受他的指导。”

1918 年 10 月，李大钊在北大的同事杨昌济教授领着一个高个子青年来到位于红楼的图书馆，想找份工作。通过交谈，李大钊觉得这个青年言谈、见识非同一般，就爽快地安排他当助理员，月薪8块大洋。这个青年就是毛泽东。

在北大期间，毛泽东一边工作，一边旁听哲学和新闻课，并想找名流请教。可是据他后来向斯诺回忆说，“大家都不理我”，“他们都是些大忙人，没有时间听一个图书馆助理员讲南方话”。而当时已是学界权威并已名满天下的李大钊，对这位只有中等师范学历的属员不仅有问必答，还经常为其推荐新书。

多年后的1949年，中共中央领导机关自西柏坡进入北平，毛泽东触景生情深有感慨地说：“30年前我在北平遇到了一个大好人，就是李大钊同志。他是我真正的老师。”

不仅仅是对毛泽东，李大钊对许多素昧平生的青年都无私地伸出过援手。当时的北大规定学生们必须要有两位老师的签名和担保才能够入学。许多青年未曾来过北京，只是因为之前读过李大钊的文章，慕名来到李大钊的办公室，请求他的帮助。

对此，李大钊总是有求必应，并叮嘱这些学生以后要好好学习，报效祖国。遇到交不起学费的学生，李大钊还常常将自己的工资拿出来帮助他们。有一次，他发现有个同学已经几天都没有饭吃，就给他寄了张汇款单，为了保全这位同学的颜面，就署名“无名氏”。收到汇款后，这位同学热泪盈眶，感动不已，后经过多方打听，才知道“无名氏”就是李大钊。

当年，李大钊乐善好施在北大是出了名的，比如，为家境困苦、因病去世的朱蓬仙教授募集丧葬费，为陈独秀筹集讼费，为北方灾民募集赈灾款等。就因此，他虽然一生清廉，平时“茹苦食淡，冬一絮衣，夏一布衫”，生活十分简朴，但是，每月拿回家的工资有时还不足家用，以致他的夫人赵纫兰常为生活费发愁。最后，北大校长蔡元培不得不关照会计科说，每月发薪时要先扣除一部分，亲手交给李夫人，免得赵纫兰“难为无米之炊”。

对于李大钊的为人，就连鲁迅先生也赞誉有加，在《〈守常全集〉题记》中，他这样说道：“给我的印象是很好的，诚实，谦和，不多说话，《新青年》的同人中虽然也有明争暗斗，扶植自己势力的人，但他一直到后来，绝对的不是。”

李大钊性格宽厚，很有爱心，但在大是大非面前，却很有原则，立场坚定，始终坚守自己的信仰。白坚武与李大钊是北洋法政学堂的同学，与李大钊并称“北洋二杰”。他俩曾共同编辑《言治》刊物，俩人私交很深，情同兄弟。但后来，一心贪图富贵的白坚武投靠了吴佩孚，在二七大罢工中成了吴佩孚的帮凶，李大钊便坚决与其绝交，表明了自己鲜明的政治立场。1927 年 4 月 6 日，李大钊被奉系军阀逮捕。在狱中他以铮铮傲骨回绝了高官厚禄的收买，以自己的实际行动告诉世界：

什么叫作真正的共产党员！

什么叫作“对党忠诚”“永不叛党”！

10 “壮士何慷慨”

纵观李大钊的一生，虽然仅仅活了 38 岁，就像一首激越雄壮令人荡气回肠的乐曲突然琴弦崩断，戛然而止，但是，他的死真真正正是重于泰山。而他站在绞刑架下，面对死亡犹如当年苏格拉底般的镇定与从容，多少年来更是令许多与他熟悉不熟悉的人悲痛、羞愧与感动。

1849 年，在瑟克什堡大血战中同沙俄军队作战时牺牲，死时年仅 26 岁的匈牙利伟大的革命诗人裴多菲有一首著名的诗曰：“生命诚可贵，爱情价更高，若为自由故，两者皆可抛。”

毫无疑问，李大钊就是这样一个人，一个“大写”的人！

1925 年至 1926 年间，李大钊主持的国民党北京执行部和中共北方区委利用冯玉祥“首都革命”的有利时机，推动国民革命一浪高过一浪地开展起来。

1924年11月，孙中山北上，发出召开国民会议的号召，主张立即召开国民会议预备会，成立临时国民政府。年底，孙中山抱病入京，受到空前的盛大欢迎。1925年1月4日，国民党北京执行部联合各进步团体，成立北京国民会议促成会，李大钊作了题为《帝国主义侵略中国后之国民运动》的演讲。3月1日，国民会议促成会全国代表大会召开，李大钊为会议领导人之一，在会上多次演讲。这次会议历时1月有余，它教育了群众、揭露了敌人、宣传了革命主张，为推动全国革命高潮的到来起到了积极作用。

1926年3月18日，北京各界人民在天安门广场举行反对日本等国要求大沽口撤防和北洋军阀卖国行为的大会，并到皖系军阀段祺瑞执政府门前游行请愿。没想到游行队伍竟遭到段祺瑞反动政府的血腥镇压，当场打死打伤共产党员和爱国学生以及革命群众200多人。

这天，李大钊在请愿队伍从天安门出发的时

候，亲自高举着一面大旗，走在队伍的最前面。流血惨剧发生后，他的头部和双手都负了伤，满是鲜血。

3月19日，北洋政府发出通缉令，罗织罪名，通缉李大钊。一向疾恶如仇的鲁迅先生对此表示了极大的愤怒，他奋笔疾书，在《记念刘和珍君》等文章中愤怒控诉反动政府的罪行，说这是民国以来“最黑暗的一天”。墨写的谎言，决掩不住血写的事实。三一八烈士是为爱国牺牲，千千万万人永远纪念在心里，千千万万人的崇敬就是万古不磨的“无字碑”！

1926年4月，在直奉军阀的联合进攻下，冯玉祥败退南口，张作霖趁机占领北京，并很快公布新的治安条例，规定：“宣传赤化，主张共产，不分首从，一律处死刑。”

张作霖决定先拿邵飘萍“开刀”。1925年，邵飘萍利用《京报》的一个特刊历数张作霖的恶迹，张作霖随即拿出30万大洋收买邵飘萍，希望《京报》能够为他多说好话。没想到“不识抬举”的邵飘萍立即将款如数退回，并一如既往地揭露“张大帅”的劣迹。这种软硬不吃、义无反顾的勇气把张作霖气得咬牙切齿，他发誓，打进北京城一定要活捉邵飘萍。就这样，“铁肩棘手”“新闻全才”的《京报》社长邵飘萍，被奉军污蔑为“卢布党”，“宣传赤化”，1926年4月26日被枪杀于天桥刑场。

《社会日报》主编林白水在军阀的白色恐怖下斥责军阀为“洪水猛兽”。1926年8月5日，他在《社会日报》发表时评，讥讽依附于军阀张宗昌幕下号称“智囊”的潘复为“肾囊”，“终日系在某军阀之胯下，亦步亦趋，不离晷刻”。次日凌晨，林白水被张宗昌下令逮捕，旋即也被枪杀于天桥刑场。

此时的北京，400余名爱国学生上了被通缉的黑名单，受军阀掌控的宪兵团、军警和密探增加了4万余人，白色恐怖已经登峰造极。他们将李大钊视作北方的头号“赤敌”。

黑云压城，中共中央致信李大钊，要他和罗章龙前往武汉，党内外许多同志和朋友也劝他暂时离开北京。沈尹默非常担心李大钊的生命安全，便找到李葆华，要他提醒父亲安全，同时希望李大钊能够暂时离开北京。李大钊在听完李葆华的话后平静地说："你再见到沈叔叔时告诉他，离开北京并不难，就是工作离不开，我是不会走的。"

妻子赵纫兰也劝丈夫暂避一下，李大钊说："不是跟你说过了嘛，我是不能离开北京的，如果我走了，北京的工作留给谁？"

当时，考虑到国共两党北方负责同志大都已经先后南下，而为策应北伐，在北京还有很多工作要做，所以，在安排罗章龙去武汉后，为了安全起见，李大钊便带着两党机关以及一家老小搬进东交民巷28号苏联使馆西院的旧俄兵营里，继续坚持斗争。因为，根据帝国主义强加中国人民头上的《辛丑条约》的规定，中国军警不得随意进入东交民巷使馆区，更不准携带武器进入。李大钊觉得，这里应该是安全的。

李大钊早已成了反动军阀的眼中钉。当时，京师警察厅为了探寻李大钊下落，派出大批特务化装成人力车夫、小商贩，竭力探寻李大钊的下落。

1926年9月的一天，在街上散发传单的李渤海被警察署当场抓住，在敌人的严刑拷打和“多方劝导”下，他叛变投敌，并“将李大钊隐匿在东交民巷俄国大使馆之情报及其他共党分子名单供出”。京师警察厅侦缉处处长吴郁文和警察厅总监陈兴亚大喜过望，马上报告了张作霖。

在与帝国主义沆瀣一气、串通密谋之后，1927 年 4 月 6 日清晨，吴郁文率大批军警涌入东交民巷使馆区。10 名彪形大汉抱在一起，用身体作木桩，强行撞开大门。苏联使馆工作人员甘布克上前阻止无效，拔出手枪对空鸣了一枪，军警们抓住甘布克，一拥而入。

枪声响起时，李大钊正在里屋伏案办公，大女儿李星华坐在外间的长木椅上看报，赵纫兰带着小女儿李炎华在院内散步。听到尖厉的枪声，星华惊吓得扔下报纸，扑进父亲怀中。李大钊镇定自若，安慰女儿说：“没有什么，不要怕。”说着，他拉着女儿的手，走进兵营北楼二层东边的一个僻静房间，坐在一张椅子上，把女儿揽在身边。

片刻间，一群警察和宪兵闯了进来，强行逮捕了李大钊、路友于等 30 余人，还抓走了赵纫兰和李大钊的两个女儿。

李大钊被捕后，许多社会名流都为之奔走呼吁，设法营救。

首先是杨度。杨度号称“民国人脉第一人”。他的那首著名的《湖南少年歌》中有“若道中华国果亡，除非湖南人尽死”一句，陈独秀在《新青年》上发表题为《欢迎湖南人底精神》的文章，认为杨度此句名言就是湖南人的精神。这句话激励了无数湖南籍爱国青年，使无数湖南籍年轻人热血澎湃，这中间有个年轻人叫毛泽东，当年，毛泽东正是唱着《湖南少年歌》走出湘潭，立志要“扶社稷安苍生”的。

为了营救李大钊，杨度不惜“毁家纾难”，将自己在北京的爱宅“悦庐”变卖，所得4000多大洋全部用来营救李大钊。他先是借助于章士钊的力量竭力周旋，后又与梁士诒约同当时司法总长罗文干一同去见张作霖，要求释放李大钊，未能成功。

其次是章士钊。那天，忽然得到张作霖要强行逮捕李大钊的绝密消息后，章士钊赶紧让妻子吴弱男匆匆去了东交民巷，以给儿子办签证为由进入苏俄使馆向李大钊“通风报信”。章士钊和夫人的设想是，让李大钊从速潜出京城，到天津日租界的章宅里一避风头。

章士钊以为，李大钊得到消息后一定会赶紧离开北平。谁知，几天后，他竟在报上看到了李大钊等众多革命党人于苏联使馆内被捕的消息和照片！于是，他直接出面找到张作霖身边的红人、奉军总参议杨宇霆，请他转告“安国军总司令”张作霖：“切不可为一时之意气，杀戮国士，而遗千载恶名。”

再次是范熙壬。范熙壬是李大钊在北洋法政专门学堂的老师与好友，五四运动后，他参加了李大钊主持的共产党早期组织。当李大钊被捕后，范熙壬两次探访杨宇霆未果，第三次他写了一封《致杨邻葛督军书》的信，劝其消弭内争，协力对外。张学良、杨宇霆看了范熙壬的信后，都向张作霖求情赦免李大钊。在范熙壬的斡旋下，北洋政府也曾派梁士诒、罗文干面见张作霖，主张将李大钊“移交法庭”处理，可惜这些努力均未成功。

此外，在风雨如磐的岁月里与李大钊结下了

深厚友谊的河北乐亭同乡白眉初、李时等300多人也纷纷联名上书陈情，呼吁军方保全李大钊的性命，并先行释放赵纫兰母女。

李大钊被捕，举国震惊。中共党组织、工人群众、知识分子和各界进步人士千方百计进行营救。4月10日，北京大学等在京9所高校联合推定北大校长余文灿、师大校长张贻惠为代表，向北京政府和奉系首脑递交了一份意见书，要求："（一）未放学生请速放；（二）认为情节重大之学生，请从轻发落，取宽大主义，不再株连；（三）李大钊系属文人，请交法庭依法审讯；（四）李大钊之妻女，请即释放……"

新闻界为营救李大钊，也广造舆论。4月15日，《世界日报》刊登市民李公侠致张学良的一封信，列举了10条要求宽赦李大钊的理由，其中第八条写道："且李氏私德尚醇。如冬不衣皮袄，常年不乘洋车，尽散月入，以助贫苦学生，终日伏案而究各种学问……"

李大钊是中国工人运动的先驱，北方的工人运动特别是铁路工人运动是在他亲自关心与直接领导下开展起来的。他被捕后，工人领袖姚佐唐积极组织北方铁路工人劫狱队，计划劫狱营救李大钊。这个计划通过党的地下组织传到狱中，李大钊看后虽感谢同志们对他的爱护，但毅然回绝道："我个人为革命、为党而牺牲，是光荣而应当，且已经是党的损失……我不能再要同志们来作冒险事业，而耗费革命力量，现在你们应当保守我们的力量……不要使革命力量再遭损失。"

即使是在这生死攸关的严重时刻，李大钊念念不忘的还是如何保存革命力量，而全然不顾个人的安危。

从被捕到就义，李大钊在狱中共 22 天。敌人对他进行了多次审讯。为了逼迫李大钊招供，敌人对他施用了多种酷刑，百般折磨。电椅、老虎凳、用竹签插手指……最后竟残忍地拔去了他双手的指甲。李大钊坚贞不屈，没有向敌人泄露党的任何机密。为了保护同时被捕的其他同志，李大钊还用血迹斑斑的双手写下《狱中自述》，表示自己"负其全责"，要敌人"对于此等爱国青年，宽大处理，不事株连"。同时，也承认自己对于共产主义学说

“崇信不讳”，字里行间，凸显了一个共产主义者的伟岸形象。

敌人见酷刑不能使李大钊屈服，便转而采用软化引诱的办法。张作霖的参谋长杨宇霆亲自出马，他以同乡的身份劝降李大钊：“李先生，只要你肯为张大帅、吴大帅效劳，保你官职在我之上。”李大钊轻蔑地回答：“张作霖是狰狞之子，吴佩孚是狼狈之儿，我岂能为他们效劳？大丈夫生于世间，宁可粗布以御寒，糙食以当肉，安步以当车，就是断头流血也要保持气节！”

但就在李大钊入狱后的第6天，“也就是1927年4月12日的凌晨，一场突如其来的镇压在中国大地开始了。台湾历史学家曾毫不掩饰地总结说：‘此次北京政府搜查俄国使馆的结果，更促成国民党在南京清党的决心。’蒋介石密电张作霖：‘将所捕党人即行处决，以免后患。’”

关于李大钊就义时的情景，据目睹李大钊受刑、时任京师高等审判庭推事的何隽在新中国成立初期写的文章《李大钊殉难目睹记》中记载：

“李大钊等二十人在京师看守所内刑场绞决。

被绞之前夕，余即至看守所接洽参观。见新式行刑之绞机矗立刑场之中央。晨九时，指挥行刑官莅场查阅判决书，命提李大钊及另一受刑人到场，旋由行刑人蜂拥至前。李大钊意气轩昂，胸禁爽朗，不知其为铁窗人也。指挥行刑官告之:‘此案经特刑庭判决，你等均处死刑，当已收到判决书?’答:‘收到，已准备上诉。’又云:‘此案系按特殊程序处理，并无上诉办法。现奉上官命令，今日执行。你等对于家属如何处分事件，可缮函代为转交。’李大钊云:‘我是崇信共产主义者，知有主义不知有家，为主义而死兮也，何函为?’旋经行刑人拥登绞台左绞绳下铁盖上，面南而立，一位行刑人反接两手，缠缚全身并折绳结环，神色自若不变。最后，李大钊高呼‘为主义而牺牲’毅然延颈就环。”

何隽是受李大钊思想影响的进步青年，其言应该可信。他写的这篇“目睹记”对李大钊为主义慷慨就义的过程展示得清清楚楚、明明白白。

由此可见，李大钊临刑前的表现，那么从容，那么镇定，毫无畏惧，其“神色未变”本身就是义薄云天气壮山河之举！都说“唯大英雄能本色，是真名士自风流”，应该说，李大钊就是这样的大英雄！

也许，自从“矢志努力于民族解放之事业，实践其所信，励行其所知”那天起，李大钊就把自己的生死置之度外了。早在1919年写的《牺牲》一文中，他就说过：“人生的目的，在发展自己的生命，可是也有为发展生命必须牺牲生命的时候。因为平凡的发展，有时不如壮烈的牺牲足以延长生命的音响和光华。绝美的风景，多在奇险的山川。绝壮的音乐，多是悲凉的韵调。高尚的生活，常在壮烈的牺牲中。”

是的，阮籍的《咏怀》诗中有“壮士何慷慨”“临难不顾生”这样的诗句，意思是说，壮士既然选择为赴国难，那么面临国家之难，也就决不会顾及一己之生命，而宁愿身死魂飞，为国捐躯。这样的诗句令人读之动容，油然而生崇敬之感。

想当年，苏格拉底在被宣判死刑时，只要他跪着求生，哪怕仅仅说一句软话，他就会继续活下去，而且，就物质生活而言，也许会活得更好，但是，苏格拉底就是苏格拉底，他没有下跪，没有求饶，而是很平静很从容也很自信地说：“今天你们审判我，将来历史会审判你们！”

不知道在临刑前，李大钊有没有想到苏格拉底，想到苏格拉底生前那句“最后的名言”？然而，不管他有没有想到，他都是“中国的苏格拉底”，而那些当年审判他的人，后来全都接受了历史和人民的审判！

1927 年 4 月 28 日，就在党的五大召开的第二天，38 岁的李大钊在北京西交民巷京师看守所被绞杀。《晨报》留下了这位党的创始人从容就义的遗照，也留下了这样的记载：他“着灰布棉袍，青布马褂，俨然一共产党领袖之气概”，“态度极从容，毫不惊慌”。

李大钊牺牲后，当时的北京《晨报》《顺天时报》分别载文报道：“李大钊平昔不事储蓄，身后极为萧条。李夫人回家后，仅 1 元生活费，室中空无家具，即有亦甚破烂。”他的为国而忘家、公而忘私、舍己为人，感动了当时千千万万的人，就连当时的反动派也评价李大钊胸怀无私，品格高尚。

李大钊死了，死得是那么从容，那么镇定！

李大钊死了，死得是那么崇高，那么伟大！

而用诗人臧克家的那首诗说则是：“有的人活着，他已经死了；有的人死了，他还活着。”

的确，盖棺论定，“铁肩担道义”的李大钊真真正正是“生的伟大，死的光荣”，虽然死了，但“他还活着”，并将为中国人民所“牢记不忘”！正如党中央在他的碑文中所写的那样，作为中国人民的优秀儿子和伟大的无产阶级革命家，他的“业绩永远受到中国人民的追怀和崇敬”！

图书在版编目（CIP）数据

李大钊 / 张树军主编；王相坤，丁守卫编著. --北京：学习出版社，2019.5（2021.5 重印）
（中华先烈人物故事汇）
ISBN 978-7-5147-0912-4

Ⅰ. ①李… Ⅱ. ①张… ②王… ③丁… Ⅲ. ①李大钊（1889-1927）—传记 Ⅳ. ①K827=6

中国版本图书馆CIP数据核字（2019）第091139号

李大钊
Lǐ Dàzhāo
主编/张树军　副主编/王相坤　编著/王相坤　丁守卫

责任编辑：苏嘉靖　　封面绘画：周　申
技术编辑：刘　硕　　内文插图：周　申
美术编辑：杨　洪　　组织绘图：无锡慎徽公司

出版发行：学习出版社
北京市东城区崇外大街11号新成文化大厦B座11层（100062）
010-66063020　010-66061634　010-66061646
网　　址：http://www.xuexiph.cn
经　　销：新华书店
印　　刷：北京盛通印刷股份有限公司

开　　本：787毫米×1092毫米　1/32
印　　张：4.625
字　　数：66千字
版次印次：2019年5月第1版　2021年5月第13次印刷

书　　号：ISBN 978-7-5147-0912-4
定　　价：18.00元